Jürgen Becker
Franz Meurer
Martin Stankowski

VON WEGEN NIX ZU MACHEN

Werkzeugkiste für Weltverbesserer

Mitarbeit Petra Metzger
Grafik Jochen Stankowski

Kiepenheuer & Witsch

Verlag Kiepenheuer & Witsch, FSC®-N001512

3. Auflage 2014

© 2007, 2011, Verlag Kiepenheuer & Witsch, Köln

Überarbeitete
und stark veränderte Ausgabe

Alle Rechte vorbehalten. Kein Teil des Werkes darf
in irgendeiner Form (durch Fotografie, Mikrofilm
oder ein anderes Verfahren) ohne schriftliche
Genehmigung des Verlages reproduziert oder unter
Verwendung elektronischer Systeme verarbeitet,
vervielfältigt oder verbreitet werden.

Redaktion: Petra Metzger
Gesamtgestaltung, Satz, Grafiken: Jochen Stankowski
www.atelier-stankowski.de
Autorenfoto: © Melanie Grande
Gesetzt aus der Garamond
Druck und Bindung: CPI books GmbH, Leck

ISBN 978-3-462-04360-0

Das Buch

»Du bist Deutschland.« Klar. Doch wie kann man über seinen Alltagskram hinaus etwas bewirken? Kann es sich unsere Gesellschaft wirklich leisten, Menschen mit 50, 60, 70 Jahren Lebenserfahrung den ganzen Tag »Mensch ärgere dich nicht« spielen zu lassen? Darf es sein, dass viele Kinder noch nie im Zoo waren? An vielen Stellen läuft die Entwicklung böse aus dem Ruder, und wir müssen etwas tun. Vom illegalen Garten auf einem Brachgelände über den Shop, der kostenlos Business-Kleidung an Hartz-IV-Empfänger verleiht, bis zur rollenden Dorfkneipe. Solche Ideen liegen in der Luft. Oft klein, unscheinbar, aber auch leicht umzusetzen. Dieses Buch soll Appetit machen auf gute Taten, freche Veränderungen und neue Ideen. Nicht aus karitativen Erwägungen, sondern mit der ganz egoistischen Erkenntnis, dass Glück und Zufriedenheit entstehen, wenn man für andere wichtig ist.

Sie blättern durchs Buch und denken: Huch!
Ist etwas schief gegangen?
War die Druckmaschine kaputt?
Ich weiß nicht, wie viele Drogen der Layouter genommen hat,
aber das muss aufhören!

Der Grafiker Jochen Stankowski, Bruder von Martin, hat von Rewe bis Merve prägnante Firmenlogos gestaltet oder visuelle Konzepte entwickelt, die bis heute Bestand haben.

Bei der Arbeit an unserem Manuskript aber kam Ihm die Idee, dass ein Buch der Veränderungen selber etwas verändern kann, dass ein solcher Werkzeugkasten auch ein ungewöhnliches Layout braucht. Der Leser soll stutzen, fragen, nachdenken und sich wundern. Veränderungen brauchen auch Veränderungen im Leseangebot. So entstand ein Buch mit Illustrationen als Kombination von Schrift und Form.

Wir freuen uns diebisch und danken für die Überraschung auf jeder Seite.

Die Autoren

Martin Stankowski Franz Meurer Jürgen Becker

Die Autoren

Jürgen Becker erklärt als Kabarettist die Welt und unterstützt engagierte Projekte. Veröffentlichungen u. a.: »Biotop für Bekloppte« (1995), »Da wissen Sie mehr als ich« (2004), »Religion ist, wenn man trotzdem stirbt« (2008), mit Dietmar Jacobs und Martin Stankowski »Der 3. Bildungsweg« (2010). www.juergen-becker-kabarettist.de

Franz Meurer entwickelt als katholischer Pfarrer im Kölner Arbeiterstadtteil Höhenberg-Vingst ein umfangreiches Netzwerk, das die Lebensqualität spürbar erhöht. Sein Motto: »Wir essen das Brot, aber wir leben vom Glanz«. Veröffentlichungen: »Ort Macht Heil« (2007), »Wenn nicht hier, wo sonst? Kirche gründlich anders« (2011).

Martin Stankowski, Journalist, beobachtet und organisiert politische und soziale Netzwerke. Veröffentlichungen u. a.: »Köln – der andere Stadtführer « (9. Aufl. 2012), »Wir Rheinländer von A-Z« (2006), »Darum ist es am Rhein so schön« (2009), mit Jürgen Becker und Dietmar Jacobs »Der 3. Bildungsweg« (2010). www.martin-stankowski.de

Petra Metzger, ist Autorin, befasst sich in Ausstellungen und Publikationen mit Kunst- und Kulturgeschichte und produziert Hörbücher. Veröffentlichungen u.a.: »Karneval instandbesetzt? 25 Jahre Stunksitzung«, Mitarbeit »Köln – der andere Stadtführer«.

Jochen Stankowski, Grafiker, Maler, Galerist, Drucker und Fotograf, lebt und arbeitet in Dresden. Veröffentlichungen u.a.: »Zeichen. Angewandte Ästhetik«, »Durch die Augen in den Sinn. Aspekte visueller Wahrnehmung«. www.atelier-stankowski.de

Vorwort

> *»Frage nicht, was du für dein Land tun kannst,
> sondern: Was kann dein Land für dich tun?«*

Diese Umkehrung des berühmten Kennedy-Bonmots war jahrelang der Soundtrack bundesdeutscher Gemütlichkeit. Wenn es Probleme gab, hörte man: »Da sinnse ja dran!« Und wenn sie nicht dran waren: »Die machen ja sowieso, was sie wollen!« Dabei schossen die 68er die verstaubte Adenauerrepublik einst sturmreif für die überfällige Modernisierung. Ihre antikapitalistischen Visionen aber blieben unerfüllt. »Wer Visionen hat, soll zum Arzt gehen!«, mahnte Helmut Schmidt. Das taten die 68er nicht, aber viele retteten sich in einen unpolitischen Zynismus, der heute von Harald Schmidt am besten repräsentiert wird. Doch nun scheint diese Ära zu enden.

Stuttgart 21 sei nicht zurückzunehmen, da es durch alle demokratischen Instanzen gegangen sei, hieß es. Gleichzeitig aber wurden die Gesetze von Rot-Grün zum Ende der AKW-Laufzeiten ausgehebelt, obwohl sie auch durch alle demokratischen Instanzen gegangen waren. Die Wähler fühlen sich verarscht, und plötzlich gibt es sie wieder: Straßen voller Demonstranten, Wasserwerfer und Politiker, die vieles falsch machen. Und dann doch – dank dem Druck der Straße – auch manches richtig.

Die Energiewende ist beschlossen, doch auf anderen Gebieten dampft es gehörig: Jedes sechste Kind lebt in Armut, in Berlin schon jedes dritte. Viele verwahrlosen, kommen hungrig in die Schule. Wer reagiert? Es sind engagierte Bürger, die eingreifen. Bernd Siggelkow, einst Pfarrer einer evangelischen Freikirche, gründet mit vielen, zupackenden »Zivilisten« die Arche. Hier bekommen Kinder, was ihnen fehlt: eine warme Mahlzeit, Hausaufgabenhilfe, Zuwendung. In Berlin, Potsdam, Hamburg, Göttingen, Leipzig, Düsseldorf, Köln, Meißen, Frankfurt, München werden »Archen« eröffnet und können sich vor Andrang kaum retten. Die Politik reagiert reserviert auf die private Initiative gegen den Hunger, den es ja angeblich gar nicht gibt. Und Angela Merkel lobte jüngst Siggelkow als Vorbild für unser Land. Dieser freute sich zwar über die Lorbeeren, doch hätte er die Blumen eigentlich zurückweisen müssen. Schließlich fruchtet sein Engagement nur deswegen so überwältigend, weil die Politik so schändlich versagt. Es ist richtig, die Zahl der Schulen steigt allmählich, die ein warmes Mittagessen anbieten, doch melden auch immer mehr Eltern ihre Kinder ab, um selbst die zwei Euro für die Mensa zu sparen. In Skandinavien und vielen anderen Ländern ist die warme Mahlzeit umsonst, sogar in Russland. Warum schafft das reiche Deutschland das nicht?

Es ist kein Wunder, dass viele Beispiele der gesellschaftlichen Intervention in diesem Buch und fast alle Ansätze von Selbstorganisation aus gesellschaftlichen Krisen geboren sind. Sie versuchen, soziale und kulturelle Zusammenhänge neu zu erfinden, sie wollen als kooperative Form Gesellschaft neu erfinden. Solche – von dem Soziologen Oskar Negt so genannte – »Gemeinwesen-Arbeitsplätze« stehen aber auch in einem gewissen Dilemma: Die stellen Teile des »Systems«, mindestens seinen Anspruch, infrage, tragen gleichzeitig aber zum Funktionieren bei. Aber ein Widerspruch, der auszuhalten ist, solange es um Menschen mit Fleisch und Blut geht.

Manche reagieren darauf zynisch. Aber ihr Zynismus hat ein Ende – nur die Wurst hat zwei, und um die geht es. Dieses Buch soll Appetit machen auf kleine und große Verbesserungen. In Schulen, in der Nachbarschaft, auf dem Marktplatz, in der Stadt und auf dem Land. Bis die Sprüche sich nicht mehr auf die Politiker, sondern auf die Bürger beziehen: »Da sinnse ja dran« und »Die machen sowieso, was sie wollen!«.

Natürlich kennen wir die »Gutmenschen«, wie sie abschätzig charakterisiert werden, weil man ihr Engagement als persönliche An- und Überforderung begreift. Deshalb sind die Vorschläge in diesem Buch quasi Muster, Muster für persönliches Handeln, für gesellschaftliche Intervention. Alle haben wir danach ausgewählt, dass sie überschaubar bleiben, dass sie begrenzbar sind und vor allem, dass der Gutmensch selber etwas davon hat, dass er gewinnt an Lebensgenuss, Anerkennung und Zufriedenheit. Es ist ja kein Geheimnis mehr, dass Gesellschaften besser funktionieren, wenn die Menschen gleicher sind, dass Altruismus auch die Zufriedenheit fördert und dass glückliche Communitys eine höhere Lebenserwartung, geringere Kindersterblichkeit, weniger dicke Menschen und eine geringere Selbstmordrate aufweisen. Krasse Gesellschaftsunterschiede mindern die Lebensqualität, und zwar für Arme wie Reiche gleichermaßen. Allein das belegt schon, dass die Klassengesellschaft out ist – für manche sogar eine anthropologische Gegebenheit, denn die Fähigkeit zur Kooperation, zum Teilen und die Lust, Fähigkeiten weiterzugeben, gehört zu den Grundfähigkeiten des Menschen, die ihm erst als Konformitätsnorm aberzogen werden.

Die Berliner Schriftstellerin Elke Schmitter hat diese Menschen bei der Verleihung des taz-Panter-Preises sehr genau beschrieben, als »Menschen zwischen Himmel und Erde, die Zeit, Gedanken und Lebendigkeit investieren in etwas, das größer ist als sie selbst und als ihr Alltag zwischen Bioladen und Steuererklärung, Schulpflicht, Büro und Balkon. Ich nehme an, die meisten von uns wollen auch so sein und schaffen es doch nur sporadisch. Da ist es gut, wenn man Menschen sieht, die ein altruistisches bisschen anders sind und doch einigermaßen normal. Von denen man nicht in Geschichtsbüchern liest, wenn sie schon gestorben sind. Sondern von denen man lernen kann, solange sie leben und tun, was sie sich in den Kopf gesetzt haben. Oder was aus dem Herzen kommt.«

Dieses Buch ist 2007 zum ersten Mal erschienen und hat in der Zwischenzeit zehn Auflagen erlebt. 4 Jahre später machen nicht nur wir neue Erfahrungen. Aktuelle Initiativen, der Druck der Antiatombewegung bis zur Energiewende, Stuttgart 21, Bürgerbegehren und Bürgerentscheide, eine Fülle von Literatur zur sozialen Intervention, die Leidenschaft, mit der das Pamphlet des französisches Widerstandskämpfers Stéphane Hessel »Empört Euch!« gerade in Deutschland diskutiert wird – alles das zusammengenommen, haben wir fast die Hälfte der Beispiele ausgetauscht und ganz neue Erfahrungen und Modelle aufgenommen. War die Leitlinie bei dem ersten Buch, die Möglichkeit individuellen Handelns in die Gesellschaft hinein, geht es bei den neuen Erfahrungen häufiger um kollektive Formen, gemeinschaftliche Erfahrungen. Denn dabei haben wir selbst am meisten profitiert.

Jürgen Becker *Franz Meurer* *Martin Stankowski*

Elf Tipps für Aktionswillige

1. Ängstlich?
Keine Sorge: Sie sind
damit nicht allein.

2. Zu schwach?
Gesellig
ist man stark.

3. Gelangweilt?
Engagement ist
vergnüglich und
unterhaltsam.

4. Egoistisch?
Helfen bringt die
meiste narzisstische
Befriedigung.

5. Prinzipiell unengagiert?
Kann sich leicht ändern.

6. Egozentrisch?
Kluge Weltverbesserer
wurden alle berühmt.

11. **Optimistisch?**
Kein Problem,
weiter so.

9. **Lieber asozial?**
Dann aber radikal,
zumindest subversiv.

10. **Überheblich?**
Schlecht für den Rücken –
Handeln lindert die
Schmerzen.

8. **Phlegmatisch?**
Handeln belebt und
schafft Interessen.

7. **Profit-interessiert?**
Sie gewinnen Ansehen,
Zeit, Freunde, Lernerfolge
und eine gesteigerte
Selbstwahrnehmung.

(Tipps der Studierenden der Köln
International School of Design, die die erste
Ausgabe dieses Buches gestaltet hatten.)

Schen

> »Ultra posse nemo tenetur –
> Über seine Möglichkeiten hinaus
> ist niemand verpflichtet.«
> *(Augustinus)*

»Gutes tun, ohne eine
Gegenleistung zu erwarten,
ist im Kapitalismus subversiv.«
(Sven Lindholm, Regisseur)

»Darf ich Ihnen das
auf meine Kosten
überreichen?«
(Hanns Dieter Hüsch)

ken

Womit bezahlen?

Der russische Dichter Leo Tolstoi erzählt von einem reichen Menschen, der alles hatte und das im Überfluss. Einen Leibkoch, einen Bodyguard, viele Dienerinnen und Diener. Natürlich ein Schloss und andere Immobilien. Einen Fuhrpark mit Nobelkarossen. Er hatte sogar einen eigenen Leibarzt und deshalb vor nichts und gar nichts Angst. Außer … vor dem Tod. Als es ans Sterben ging, befahl er seinem Lieblingsdiener: Leg mir von meinen hundert Säcken Gold den dicksten in den Sarg. Ich will nicht ohne Geld in den Himmel! Gesagt, getan. Als der Reiche im Himmel ankam, setzte er sich sogleich auf die nächste Wolke. Noch nie hatte er einen so schweren Sack getragen. Er war ganz außer Atem. Und er verspürte Hunger. Wie er sich so umsah, erblickte er auf der übernächsten Wolke eine Leuchtreklame: »Restaurant zu den sieben Engeln«. Als er näher kam, fühlte er sich in seinem Lebensentwurf auch im Himmel bestätigt. Unter der Reklame war ein kleines Schild angebracht: »Einheitspreis für jede Mahlzeit: eine Kopeke«! (Die Geschichte stammt ja aus Russland!) Ja, dachte er, da habe ich mit meinem Kapital für die Ewigkeit ausgesorgt! Das Restaurant ging mit der Zeit, es war ein Selbstbedienungsrestaurant. Der Reiche legte auf Teller und Tablett, was ihm zusagte. »Eine Kopeke bitte«, sagte der Engel an der Kasse. »Hier hast du zehn Kopeken«, sagte der reiche Mensch, »der Rest ist Trinkgeld, ich kann es mir ja leisten.« – »Iswenitje«, sagte der Engel, »excuse me, pardon, Entschuldigung! Wusstest du denn nicht, dass man im Himmel nur mit dem bezahlen kann, was man auf der Erde verschenkt hat?!«

Der Rest ist Trinkgeld.

Doppelter Espresso

Der Kölner Gastronom Gigi Campi erzählte von folgender Idee
aus einer sizilianischen Kleinstadt, die vielleicht auch bei uns
umsetzbar ist. Dort ist es noch üblich, einen zweiten
Espresso zu bezahlen, auch wenn man nur einen
getrunken hat. Der zweite ist für einen, der ihn
sich nicht leisten kann. Der Wirt notiert
die Kaffeespenden, und Menschen, die
gerade klamm sind, können dann jederzeit zu ihm ins Café kommen
und gemütlich einen Frei-
Espresso schlürfen. Alle
freut's: Der Wirt hat
mehr Umsatz, der
Gast ein besse-
res Gefühl
und der
Mittellose
ein Stück
gesellschaft-
liches Leben
zurück. Und
die Tasse Kaffee
nicht zu vergessen!

Kultur drinnen und draußen

Es gibt Benefizveranstaltungen, die vor zahlendem Publikum stattfinden, mit dem Ziel, Gelder einzusammeln, von denen irgendwo Menschen gesättigt oder Defizite gemildert werden. So funktioniert es draußen. Drinnen – gemeint ist hier: hinter den Mauern von Justizvollzugsanstalten – zahlen die Besucher nicht, und der Benefit liegt im Stillen ihres kulturellen Hungers. Als Projekt des Kunst- und Literaturvereins wurde 2009 die Initiative »Kultur hinter Mauern« in Dortmund gegründet, die Lesungen, Kabarett, Bandauftritte, Ausstellungen, Theateraufführungen, Sänger und Chöre in Haftanstalten vermittelt. Doch das ehrenamtliche Engagement für die Aus- bzw. Eingeschlossenen hat für die Beteiligten wie etwa Helga Römer, die Geschäftsführerin, eine weitaus längere Tradition. Sie arbeitete schon 1986 in der Dortmunder Gefangeneninitiative »Buchfernleihe für Gefangene« mit. Ihr wurde die Organisation kultureller Angebote angegliedert, die Perspektiven eröffnen und die Insassen mit dem Leben in Freiheit verbinden soll. Im ersten Jahr traten vorrangig Bands auf. In Dortmund spielte eine Popband; in Schwerte ein Jazztrio. In Köln gab es eine Mischung aus Comedy und Travestie. Weitere Künstler, darunter namhafte Kabarettisten wie Wilfried Schmickler, haben ihre unentgeltliche Unterstützung zugesagt, den eintönigen Gefängnisalltag zu beleben. Auch die Zahl der Auftrittsorte hat sich ausgeweitet und reicht mittlerweile von Essen und Duisburg über Bochum bis Willich.

Gegen die Langeweile und pro Bildung kommen auch Zeitungen zum Einsatz. Die Vermittlung erfolgt über den Berliner Verein »Freiabonnements für Gefangene e.V.«, der seit 1985 Menschen in Haft kostenlos Zeitungen und Zeitschriften zur Verfügung stellt. Gefangene haben dort die Möglichkeit, Lesewünsche anzumelden, die je nach Spendenlage erfüllt werden. Die Erfahrung zeigt, dass mit einer Zeitung fünf bis zehn Gefangene erreicht werden, da die gelesenen Blätter weitergereicht werden. Hoch im Kurs stehen Tageszeitungen, aber auch Nachrichtenmagazine, Sportzeitungen und fremdsprachige Medien, die den Kontakt zur Außenwelt aufrechterhalten und sich damit im Hinblick auf die Resozialisierung positiv auswirken.

www.kunst-und-literaturverein.de   www.freiabos.de

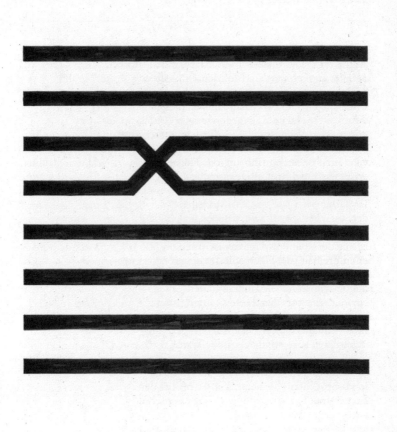

Der Brothaken

Hekmet Özer betreibt mit ihrem Mann eine Bäckerei in Hamburg-Wandsbeck. Das türkische Ehepaar hat den Brothaken erfunden, und der funktioniert so: Ein Mensch kauft zwei Brote, bezahlt beide, nimmt aber nur eins mit und hängt einen Zettel an einen Haken, den Brothaken. Neben diesem gibt es noch zwei weitere Haken für Kuchen und für Kaffee. Später kommt eine alleinerziehende Mutter mit ihren zwei Kindern in den Laden. Sie nimmt einen Zettel vom Brothaken, legt ihn auf die Theke und erhält dafür ein Brot, ohne zu zahlen.

Das Ehepaar Özer hat ein Modell der Geschenkökonomie erfunden. Das Geniale an ihrer Idee ist die Anonymität. Der Spender begegnet dem Empfänger nicht, weiß aber seine Gabe bei den Özers in guten Händen. Wer einen Zettel von den Haken nimmt, bekommt nicht ein Produkt kurz vor dem Verfallsdatum, wie es häufig bei den Tafeln üblich ist, sondern frische Ware.

> Der Spender begegnet dem Empfänger nicht.

Mancher sagt spontan: »Das ist doch das Antoniusbrot! Das hat meine Mutter oft bei der Bäckersfrau bezahlt«, immer dann, wenn etwas gut geklappt hatte im Leben oder sie etwas Verlorenes wiedergefunden hatte. Sie nahm das Brot nicht mit, sondern überließ es der Bäckersfrau, die es an Bedürftige verschenkte.

Eine Initiative auf der Schwäbischen Alb hat versucht, die Idee des Brothakens in mehreren Bäckereien zu etablieren. Obwohl die örtliche Presse davon breit und zustimmend berichtete, hat es im ersten Anlauf nicht geklappt. Vielleicht funktioniert das am ehesten im Kleinen auf lokaler Ebene, weil sonst zu viel moralischer Druck aufgebaut wird, der nicht zum Mittun einlädt.

Die neue Puppe

Es gehört zu den Skandalen dieser Gesellschaft, dass Kinderspielzeug, insbesondere Puppen, stets einer Normalität von »gesund« und »sauber« entsprechen. In einem Projekt der Kölner Designprofessorin Uta Brandes (zum Thema »Provokation und Design«) entwickelten Studentinnen Puppen mit deutlich sichtbaren »Behinderungen«, stellten diese sehr präzise gefertigt her und gaben sie auf Spielplätzen an kleine Kinder weiter. Diese spielten ganz begeistert damit, bis dann die entrüsteten Eltern kamen und sich furchtbar beschwerten.

Also könnte es gut sein, die Produktion solcher Puppen anzuregen.

Provokation und Design.

Die Spielzeugfirma Mattel, Hersteller der Barbie-Puppe, bietet in den USA auch die Puppe Becky an, die im Rollstuhl sitzt; in Europa ist die Figur nicht zu erhalten.

Sponsoring beim Taschengeld

In der Nachbarschaft wohnen Kinder, deren Eltern knapp bei Kasse sind, zum Beispiel von Sozialhilfe leben. Menschen, denen es besser geht, geben den Kindern regelmäßig ein Taschengeld – als privates Sponsoring, allerdings mit kleinen Bedingungen.

Das Kind muss dem Sponsor ein »Kassenbuch« über die Ausgaben vorlegen. Der beurteilt zwar nicht, was das Kind mit dem Geld gemacht hat, doch das Kind kann sich seiner »Ausgabenpolitik« bewusst werden. Also wirtschaften lernen. Vielleicht nimmt es den Taschengeldpaten bald auch als Coach und Ratgeber in Anspruch.

Am besten beginnt eine kleine Gruppe im Wohnviertel mit der Idee. So kann der Kontakt zur örtlichen Grundschule aufgenommen werden. Auch die Gruppe der »Jungen Unternehmer« am Ort wird sich interessiert zeigen, vielleicht auch mitmachen, ihnen geht es ja um das Basiswissen, wie Geld und Wirtschaft funktionieren.

Vielleicht gibt es sogar Zinsen?

Natürlich ist das Einverständnis der Eltern nötig, und wichtig ist ein festes Ritual. Das Geld sollte zu einem festgelegten Termin übergeben werden, zum Beispiel nachmittags in einer Schule. Gut ist, wenn mehrere Sponsoren gemeinsam mehrere Patenkinder treffen. So kann ein Austausch stattfinden: Wofür habe ich mein Geld ausgegeben? Wie spare ich am besten, zum Beispiel für Geschenke? Gibt es vielleicht sogar Zinsen?

Die Sponsoren geben Geld, bekommen aber mehr zurück. Sie investieren in die Kinder und Jugendlichen, die bald für ihre Rente aufkommen sollen. Sie vermitteln etwas Reales, das in der Schule oft zu kurz kommt, nämlich den Umgang mit Geld. So machen sie die Kinder fit fürs Leben. Und spüren Dankbarkeit!

Schultüte sponsern

Schon bei Schulanfang merken viele Eltern: Wir schaffen es kaum, die notwendigen Sachen zu kaufen – Stifte und Bücher, Hefte oder Zirkel, Geodreieck, Ranzen und Sportbeutel. An dieser Stelle springen Patinnen oder Paten ein und finanzieren eine Erstausstattung. Und warum? Vielleicht sagen sie: Ich kann nicht viel tun, aber Chancengleichheit ist mir ein Anliegen. Ich weiß aus meiner Kindheit, wie wichtig gute Schulsachen sind. Wir sind eine Gruppe, der es gut geht, und wollen gezielt helfen.

Sportbeutel
Geodreieck
Ranzen
Bücher
Zirkel
Hefte

Nehmen Sie Kontakt auf mit den Kindergärten vor Ort. Die Erzieherinnen wissen gut, in welcher Familie der Schuh drückt. Oder bieten Sie einer Grundschule direkt Ihr Engagement an. Unter Umständen erstellt auch ein Lehrer oder die Rektorin Karten mit anonymen Angaben, was einzelne Kinder noch brauchen. Vielleicht benötigt manches Kind Sportschuhe oder auch einen Kurs zur Sprachförderung, es muss ja nicht bei der Erstausstattung bleiben. Auch die Lokalzeitung könnte anonym einzelne »Wunschzettel« vorstellen. So könnte sich etwas von dem abbilden, wovon aus Finnland und anderen PISA-Gewinnerländern berichtet wird: Bildung ist ein Anliegen der ganzen Gesellschaft. Die Schule fühlt sich nicht allein.

Klassenfahrt

Auch wenn es nur in den Zoo gehen soll – für manche Eltern, zum Beispiel Empfänger von Hartz-IV-Leistungen, ist das kaum erschwinglich. Erst recht eine mehrtägige Fahrt ins Schullandheim. Drei Wege der Solidarität bieten sich an:

Die schwarze Kasse. Es wird der notwendige Betrag pro Kopf errechnet. Dann erhalten die Eltern die Nachricht, dass sie je nach Leistungsfähigkeit ihre Einzahlung erhöhen oder auch vermindern können. Nach dem Kassensturz ist klar: Die Klasse fährt nun genau mit dem Betrag, der vorhanden ist. Für die Kinder ist das ziemlich spannend. Was kommt wohl dabei heraus?!

Kinderarbeit. Entweder einzeln Geld beschaffen oder gemeinsam, indem man Rasen mäht, bei der betuchten Seniorin den Garten aufpeppt, regelmäßig den Hund ausführt, Prospekte verteilt ... Vielleicht lässt die Schulleitung ja für die Generalreinigung des Schulhofes etwas springen – oder der Förderverein. Vielleicht auch eine Anzeige im Lokalblatt – oder bei gutem Kontakt zum Lokalredakteur ein Bericht: Schulklasse sucht Arbeit!

Für die Klassengemeinschaft und den Zusammenhalt der Eltern bringt der dritte Weg am meisten. Was kostet wenig, ist aber gerade am coolsten, spannendsten? Ein Zeltlager auf dem Grundstück eines netten Bauern zum Beispiel oder ein Waldcamp. Die Försterin oder der Förster können dafür die Klasse zwei Tage bei leichten Arbeiten in einer Schonung einsetzen oder beim Säubern des Bachlaufs ... Und welche Mutter oder welcher Vater hat ein ausgefallenes Hobby und stellt seine Kontakte zur Verfügung? Etwa Segelfliegen, also Übernachtung im Hangar.

> Die schwarze Kasse.

Patenschaften

Frau K. war Schulleiterin, ihr Mann ist Neurochirurg. Die Idee kam Frau K. beim Frühstück, als sie in der Zeitung von einem engagierten Pfarrer las und seinem »Patenprojekt«. Man kennt ja Patenschaften für Kinder in der Dritten Welt, aber dies ist eine Aktion vor Ort, in der eigenen Stadt. Das war vor fünf Jahren, und seitdem ist Frau K. das Scharnier zwischen Menschen, die regelmäßig jeden Monat Geld geben, und Menschen, die es genauso regelmäßig erhalten – obwohl sich die einen und die anderen nicht kennen. Alles läuft über die pensionierte Lehrerin.

Ein 16-jähriges Mädchen aus Turkmenistan zum Beispiel, das mit Mutter und zwei Geschwistern Asyl bekam und hier zur Schule geht. 50 Euro bringt ihr Frau K. im Monat, manchmal legt das Mädchen das Geld auf die hohe Kante, für eine Klassenfahrt oder teure Bücher, für die die Familienkasse nicht reicht, oder sie kauft etwas »für sich«, einen Pullover oder eine Bluse. Der monatliche Besuch bei den »Patenkindern« ist wichtig. Frau K. erfährt mehr über die Familie, kommt in die Wohnung: »Ich kann sie beraten, wenn ich sehe, was Sache ist.«

> Der monatliche Besuch ist wichtig.

Oder ein älterer Mann, der seine kranke Frau pflegt, den Einkauf macht, den Haushalt, oder auch andere besucht, die ebenfalls bettlägerig sind und denen er vorliest. Er raucht gern mal eine Zigarre oder würde sich gern etwas gönnen, für sich allein, aber dafür fehlt das Geld. Frau K. bringt ihm jeden Monat 50 Euro, die sie von einer Professorin erhalten hat.

Er raucht
gern mal eine Zigarre.

Sponsoren und Empfänger kennen sich nicht, lediglich ein-, zweimal im Jahr gibt es einen Brief, einen Bericht oder in seltenen Fällen auch mal ein Foto. So geht die Information zwar hin und her, aber niemand muss »Danke schön« sagen. Nur die Agentin weiß Bescheid, gibt das Geld weiter und erstattet Bericht. Fast hundert solcher Patenschaften betreut Frau K., mit Beträgen zwischen 10 und 150 Euro im Monat. Manche Paten finanzieren das für ein Jahr, viele auch länger.

Ziel der Aktion ist, die Eigenkräfte zu stärken durch eine Finanzspritze, einen Anschub in einer misslichen Lage. Besonders stolz sind die Paten, wenn es ihr jugendliches »Patenkind« etwa bis zum Abitur oder zu einem Berufsabschluss schafft. Josef Beuys hat das Bild der »sozialen Wärmeskulptur« erfunden. Genau das macht die Patenschaft: Sie stellt Wärme und Energie zur Verfügung, ohne selbst in Erscheinung zu treten.

Sicherheit bei Schwarzarbeit

Leider arbeiten in vielen Haushalten Menschen ohne festes Arbeitsverhältnis und ohne Sozialversicherung. Im Volksmund heißt es: »Cash auf die Kralle«, auf Hochdeutsch: »Schwarzarbeit«. Dabei gilt: Ein geringfügiges Arbeitsverhältnis ist nicht teuer. Bei Minijobs bis 400 Euro pro Monat sind für Steuer, Krankenkasse und Rentenversicherung nur 13,7 Prozent des Lohns zusätzlich fällig! Und: Die Aufwendungen sind von der Steuer absetzbar.

Bisweilen sind es ausländische Frauen, manchmal sogar illegale, die sich in unseren Haushalten mit Putzen, Waschen, Bügeln, zunehmend auch mit Krankenpflege das Geld verdienen, um ihre eigene Familie daheim zu unterstützen. In wohlhabenden Stadtvierteln deutscher Großstädte leben Schwarzarbeiterinnen aus Osteuropa inzwischen manchmal mit im Haushalt der oft Hochbetagten. Sie nehmen das Gefühl der Einsamkeit, ersparen manchen der Alten das Seniorenheim und entlasten deren erwachsene Kinder. Oft ermöglichen sie Familien mit Doppelverdienern durch die Delegation von Haus- und Familienarbeit überhaupt erst die wirtschaftliche Existenz. Diese »cosmobile« Unterschicht hat keinerlei Vertretung in Gewerkschaft oder Politik, das ist der Skandal, aber sie existiert, das ist die Realität.

> Die meisten Unfälle passieren im Haushalt und nicht auf der Straße!

Wer dennoch schwarzarbeiten lässt, sollte mindestens eine Unfallversicherung für die »Beschäftigung von Personen im Privathaushalt« abschließen. Wenn jemand von der Leiter fällt oder gar aus dem Fenster, erst dann wird manchem klar: Die meisten Unfälle passieren im Haushalt und nicht auf der Straße! Diese Versicherung ist billig, zum Beispiel 30 Euro pro Jahr beim Rheinischen Gemeindeunfallversicherungsverband. Vor allem: Die Versicherung gilt auch bei Schwarzarbeit. So ist die Putzhilfe gesichert – und man selber auch!

www.minijob-zentrale.de   www.unfallkassen.de

Bis dass der Tod uns scheidet – Tiertafeln

Wenn Rente oder Hartz IV kaum das eigene Dasein sichern, reicht das Geld erst recht nicht mehr für Futter und Arztkosten von Haustieren. In diesem Fall springen vielerorts Tiertafeln ein. Dort bekommt nur Hilfe, wer nachweislich bedürftig ist. Die meist ehrenamtlichen Helfer stellen damit sicher, dass die, die schon sowieso ganz unten sind, nicht auch noch das letzte und häufig Liebste hergeben müssen, das ihrer Einsamkeit entgegenwirkt und ihnen Halt gibt. Muss die vertraute Beziehung durch die Abgabe des Tieres aufgegeben werden, wirkt sich das nicht selten kontraproduktiv aus, da die weitere Destabilisierung Werte wie Solidarität und Zuverlässigkeit untergräbt.

Ob Katze, Vogel, Kaninchen oder Hamster, ein Haustier bedeutet: Man wird gebraucht, hat einen Sinn und eine Aufgabe. Der Hund zwingt zum Gassigehen und sorgt für Kontakt. Doch auch jedes andere Tier ist in der Lage, Trost und Freude zu spenden und für Abwechslung zu sorgen. Es fordert und schenkt Zuwendung wie ein guter Freund. Oft verbindet Mensch und Tier eine gemeinsame Geschichte. Einen alten Hund oder eine Katze wegzugeben, mit dem oder der man seit zehn, fünfzehn oder mehr Jahren sein Leben teilt, ist für viele Tierbesitzer genauso schlimm wie dessen Tod. Und sich von einem Weggefährten zu trennen, weil er zum Beispiel krank geworden ist, entspricht der (un)menschlichen Haltung, die den Schwächsten der Gesellschaft selbst oftmals entgegenschlägt.

Oft verbindet Mensch und Tier ...

Und was gerade bei älteren alleinstehenden Menschen oft vergessen wird, mit Fido, Flecki und Felix verbindet sie das

Erlebnis von Nähe und die Wohltat liebkosender Berührungen. »Ich hab doch sonst keinen«, gilt für viele Nutzer der Tiertafeln, vor allem ältere. Gut geführte Altenheime und Hospize nutzen schon längst die belebende und unterstützende Wirkung tierischer Mitbewohner, sie erlauben nicht nur, sondern fördern sogar das Miteinander von Mensch und Tier.

Schließlich ist auch für die Vierbeiner der Verbleib in vertrauter und fürsorglicher menschlicher Gesellschaft dem Aufenthalt im Heim vorzuziehen, zumal die Chance, aus dem Tierheim in ein neues Zuhause umzuziehen, für alte Tiere eher gering ist. Am konsequentesten setzt sich die Graue Tiertafel in diesem Sinn ein, die sich unter dem Leitsatz »Niemand sollte alleine bleiben, nur weil er alt ist« um alte Menschen und alte Tiere kümmert.

... eine gemeinsame Geschichte.

www.tiertafel.de
http://graue.tiertafel.de

Ferien vom Krieg – 130 Euro der Platz

Die Aktion wurde 1994 gestartet, als muslimische Kinder, die während des Jugoslawienkrieges aus Srebenica deportiert worden waren, in einem Feriencamp auf serbische Kinder trafen, die inzwischen in den Häusern der Muslime wohnten. Diese Kinder aus verfeindeten Kriegsparteien machten nun zusammen Ferien. Das war neu, das war ungewöhnlich, das haben die meisten für utopisch gehalten – aber »Ferien vom Krieg« gibt es immer noch, und inzwischen haben über 21.000 Kinder und Jugendliche daran teilgenommen.

Das Prinzip ist immer gleich: erstens Freizeit, zweitens Teilnehmer verfeindeter Parteien und drittens ohne Eltern. Dahinter steht die Überzeugung, dass Frieden machbar ist, wenn man nicht auf Politik und Institutionen setzt, sondern der heranwachsenden Generation die Chance zum gleichberechtigten Dialog gibt. Denn in aller Regel kennen sie sich ja gar nicht, woher auch? Der oder die andere gehört zu den Feinden!

> Erstens Freizeit, zweitens Teilnehmer verfeindeter Parteien, drittens ohne Eltern.

Aber jetzt, auf neutralem Boden, lernen sie sich kennen, sprechen, streiten, singen, verlieben sich vielleicht, machen Urlaub. Ferien vom Krieg funktioniert auch deshalb, weil die jungen Menschen eine bisher unbekannte Wertschätzung erfahren und die völlige Gleichwertigkeit mit denen erleben, die bisher zum feindlichen Lager zählten. Die Jugoslawienkriege liegen einige Jahre zurück, aus den teilnehmenden Kindern sind Jugendliche geworden, das Thema »Krieg« ist heute tabu in allen Lagern, und so heißt das Motto: »Ferien vom Krieg – den Frieden aufbauen«.

Inzwischen sind es nicht nur junge Menschen aus dem ehemaligen Jugoslawien, sondern auch jugendliche Israelis und Palästinenser, und diese Freizeiten finden auf einem Schiff der japanischen Friedensbewegung im Mittelmeer und – ausgerechnet – in Deutschland statt. In Israel oder sonst im Nahen Osten wäre das nirgends möglich, und alle Teilnehmer haben genügend Beispiele zu erzählen, über die Schwierigkeiten bei der Aus- oder Einreise, über Unverständnis, Hass und Ablehnung – in den ersten Tagen dieser Begegnungen, bis sie ins Gespräch kommen und oft auch nach der Rückkehr, wenn sie ihren eigenen Familien, Freunden und Bekannten als »Verräter« erscheinen. Inzwischen ist dies die größte Friedensaktion im Nahen Osten, als Graswurzelwerk entstanden. Frieden kann nur von unten kommen, und dazu müssen Menschen sich kennenlernen – wenn sie sich kennen, können sie verhandeln, Feindbilder abbauen, Gewalt und Geschichte aufarbeiten. Ein Resultat ist die Aktion »Breaking Barriers«, eine Gruppe, die auf beiden Seiten der Front arbeitet.

> Inzwischen die größte Friedensaktion im Nahen Osten.

Die Camps und Seminare sind eine Form der »Entfeindung«. Sie werden vom »Komitee für Grundrechte und Demokratie« organisiert, unabhängig von Parteien, Kirchen oder staatlichen Institutionen und funktionieren nur durch das Engagement ihrer Mitglieder. Natürlich mithilfe des Geldes zahlreicher Spender und Sponsoren. Jährlich benötigt »Ferien vom Krieg« etwa 350.000 Euro. Und schon mit 130 Euro ist man mit einem Ferienplatz dabei.

www.ferien-vom-krieg.de   www.vacation-from-war.com

Für Kinder kostenlos

Beim Metzger gab es früher für Kinder immer eine Scheibe Fleischwurst. Für lau. Heute geht man zum Vertrauensmetzger, aber die Frei-Wurst ist aus der Mode gekommen. Vielleicht, weil viele Kinder zu dick sind? Weil es zu wenig Kinder gibt? Oder weil sie nicht mehr vor der Fleischtheke stehen, sondern vor der Videospiel-Konsole? Wie auch immer – die Fleischwurst für die Kinder war ein Stück Gesellschaftskultur, und davon könnte man sich auch heute wieder eine Scheibe abschneiden, warum nicht gleich mit großer Geste? Auf Straßenfesten, Gemeindefeiern, in Gaststätten, in öffentlichen Verkehrsmitteln, auf Minigolfplätzen, im Kino, im Schwimmbad – warum sagen wir nicht einfach: »Für Kinder ist hier alles umsonst! Es ist uns eine Ehre, Familien mit Kindern zu unterstützen!«? Einen Versuch wäre es wert. Vielleicht sinken ja noch nicht einmal die Einnahmen, weil es plötzlich wieder mehr Eltern gibt.

Familien mit Kindern sind arm dran. Im Wortsinn. Sind es gar drei Kinder und mehr, so reicht ein normales Einkommen gerade für das Nötigste. Oft droht Sozialhilfe. In anderen Ländern wie Italien oder Frankreich stehen die Kinder im Mittelpunkt – bei uns oft am Rande.

... immer eine Scheibe Fleischwurst.

Nun ist es sicher sinnvoll, große Lösungen zu suchen: steuerlicher Lastenausgleich, Vorkindergarten, Elterngeld usw. Vor Ort lässt sich aber mit einem kleinen Umdenken schon viel erreichen, und klar wird: Kinder sind erwünscht! Deswegen zahlen für die Kinder alle gemeinsam, nicht nur die Eltern. Im Sinne einer negativen Steu-

> Insgesamt wird
> eh alles schöner,
> wenn Kinder
> dabei sind!

er: Für Kinder ist ganz einfach alles umsonst. Im Sinne von unentgeltlich. Also Limo und Würstchen beim Straßenfest. Also eine Spielkarte zum Umhängen für alle Buden und Stände und Spiele und Verpflegung beim Schulfest. Auf der Karte wird abgehakt, was die Kinder »erledigt« haben: Kinder lieben diese Ordnung im Miteinander! Es gilt nicht: »Hier verkehrt, wer verzehrt.«

Ihre Leistung haben die Eltern schon erbracht, indem sie für die Gesellschaft, also für alle die Kinder großziehen. Als Anerkennung, Dank und Profit gibt es eben nicht nur Kindergeld und Steuervergünstigungen, sondern lokal und im Viertel und im Verein für Kinder alles umsonst. Insgesamt wird eh alles schöner, wenn Kinder dabei sind!

Kleiner Test für Kinderlose: Rechnen Sie einmal durch, was Ihr Restaurantbesuch, Kinoeintritt, Kirmesbummel … mit drei Kindern kosten würde. Da wächst gleich Ihr Respekt vor der Leistung der Familien.

Eine Initiative verknüpft übers Internet Spender und Empfänger von Kindersachen: www.kinder-armut.de Übrigens: Kinder unter 15 Jahren reisen in Begleitung ihrer Eltern, Großeltern oder deren Lebenspartner bei der Deutschen Bahn umsonst:

www.bahn.de/kinderkostenlos

Fringsen

In Köln gibt es das Tätigkeitswort »fringsen« für den Mundraub bzw. den leichten Diebstahl. Das geht auf eine Silvesterpredigt des Kölner Erzbischofs Josef Frings im Jahre 1946 zurück, der angesichts der elenden Verhältnisse und schlechten Zeiten davon sprach, dass »sich der Einzelne wird nehmen dürfen, was er zur Erhaltung seiner Gesundheit notwendig hat, wenn er es auf andere Weise nicht erlangen kann«. Das Wort des Hirten wurde von den Rheinländern begeistert aufgenommen, hat es doch eine alte, wenn auch verschüttete katholische Tradition.

So gab es früher die Redensart: »Crispinus machte den Armen die Schuh und stahl das Leder auch dazu.« Gemeint war ein römischer Heiliger namens Crispinus, der im 3. Jahrhundert im französischen Soisson lebte und als Schuster seinen Lebensunterhalt verdiente. Die fromme Legende erzählt, dass er bisweilen den Armen die Schuhe kostenlos besohlte, dafür allerdings das Leder klaute. Es ist kein Wunder, dass dieser Crispinus zum Schutzpatron der Schuster, Sattler und Gerber wurde – der laxe Umgang mit fremdem Eigentum war immer populär.

> Crispinus machte
> den Armen die Schuh
> und stahl das Leder
> auch dazu.

»Viele Menschen glauben nicht an ihre Fähigkeit, etwas zu bewegen, aber das ist ungesund. Wenn wir immer nur erdulden, statt zu ändern, was uns stört, leiden wir. Wir müssen aufhören, uns als Schädlinge für diese Welt zu begreifen und anfangen, Nützlinge zu sein, die etwas zum Guten verändern.«
(Michael Sladek, Gründer der Elektrizitätsgenossenschaft Schönau)

»Wer nichts für andere tut,
tut nichts für sich.«
(Johann Wolfgang von Goethe)

»Die entscheidende Frage ist,
ob die Individuen die Stärkung
ihrer selbst dazu nutzen, aus
reinem Eigeninteresse auch
mehr um die Gesellschaft, in der
sie leben, sich zu kümmern.«
(Wilhelm Schmid, Philosoph)

GEN

Generationenkonflikt ist schön – Leih-Omas und Projekt-Opas

Der Handel entdeckt die Seniorinnen und Senioren! Sie haben mehr Kaufkraft als die bisher umworbene Altersgruppe 25 bis 49. Sie haben auch mehr Zeit. Immer mehr ältere Menschen haben aber keine Enkel – oder die sind schon so groß, dass sie die Betreuung durch Oma und Opa ablehnen – außer beim Sonntagsgeld.

Verreisen, Kuren, Wellness-Touren sind für viele nicht das Alleinseligmachende. Ein zeitlich klar begrenztes Engagement kann für aktive Alte das Salz in der Suppe werden. Beispiel: Leih-Oma oder Projekt-Opa. Diese bieten ihre Zeit an, in den Ferien etwa ein Angebot auf dem Spielplatz oder im Jugendzentrum: ein Kurs in Fahrradflicken und Fahrradpflege. Oder: Wie baue ich ein Baumhaus sicher? Wie geht Stricken wirklich? Wie male ich ein Bild, auf dem die Perspektive stimmt? Erste Hilfe von Kindern für Kinder! Noch besser, wenn es eine Tierärztin gibt: Erste Hilfe für Haustiere. (Da kommen garantiert die Eltern mit.)

> Wie geht Stricken wirklich?

Natürlich bietet sich auch das traditionelle Angebot an: Oma oder Opa stellen sich einer Familie für bestimmte Zeiten zur Verfügung. Damit Mama in Ruhe einkaufen kann, zum Friseur, zur Freundin. Oder Papa ins Stadion. Oder bei Krankheit der Eltern.

Günstig ist eine Agentur im Viertel, die vermittelt. Natürlich von SeniorInnen selbst organisiert. Und garantiert stellt die Wohnungsbaugesellschaft oder die Kirchengemeinde für das Büro einen kleinen Raum zur Verfügung, wenn sich privat nichts anbietet.

www.leihomas-leihopas.de

Zimmer frei!
Rentner sucht Student

Viele kennen das: Kinder aus dem Haus, Mann oder Frau verstorben, und irgendwann sitzt man alleine in einer zu großen Wohnung. Man könnte umziehen in eine kleinere, aber eigentlich hängt man an seinem Zuhause und wünscht sich nur mehr Leben in der Bude. Einige Rentnerinnen und Rentner haben für sich eine Lösung gefunden: Der gute alte Untermieter kehrt in Gestalt einer Studentin oder eines Auszubildenden zurück. Da er wenig Geld hat, freut er sich über das Angebot: Er zahlt eine gemäßigte Miete und investiert Zeit! Zeit für Hilfestellungen wie Fensterputzen, Bügeln, Einkaufen, Gartenarbeit usw., oder auch für gemeinsame Spaziergänge, kulturelle Unternehmungen, Kochen oder Schach spielen. Worin genau die Gegenleistung für das Zimmer besteht, kann individuell verhandelt werden. Nur Pflegedienste sind ausgeschlossen. Wer glaubt, junge Leute hätten keine Lust, sich mit alten Menschen die Wohnung zu teilen, irrt. Momentan gibt es in der Kartei von »Wohnen für Hilfe«, einem Projekt der Seniorenvertretung der Stadt Köln und des AStA der Kölner Uni, mehr interessierte Studenten als Raumangebote.

Damit beide Seiten zueinander passen, werden mit den Studenten ausführliche Vorgespräche geführt und in Hausbesuchen Anbieter und Unterkünfte in Augenschein genommen. Trotzdem geht vielleicht auch bei dieser Partnerschaft die ein oder andere wegen unterschiedlicher Vorstellungen wieder in die Brüche. Doch dies wiegt nicht auf, was an Freundschaften entstehen kann, wenn nur eines stimmt: die Chemie.

Das Projekt »Wohnen für Hilfe« gibt es in vielen Städten:
www.wohnenfuerhilfe.info/

Baustelle des Lebens
Fahrradwerkstatt

Mehr oder weniger rüstige Rentner bieten in dem Souterrain-Raum, den mit Sicherheit die Wohnungsbaugesellschaft zur Verfügung stellt, einmal pro Woche Fahrrad- Reparieren an. Am besten zuerst getrennt für Kinder und Jugendliche. Ein Grundstock an Ersatzteilen und Material kommt zum einen aus den eigenen Beständen, zum andern sponsert dies die Genossenschaft, Sparkasse oder ein Unternehmen gern, weil so was ja sehr publikumswirksam ist.

Natürlich kann daraus eine Dauereinrichtung werden. Wer also in der Fahrradwerkstatt seine Erfüllung als Mechanikus findet, mag bleiben. Vielleicht kommt ja auch genug Werkzeug zusammen, das jeder daheim und einzeln hat, dass man mit einem Werkzeugverleih weitermachen kann. Es können aber auch Kurse für Fahrradreparatur angeboten werden: Fünfmal basteln, dann kommt die Polizei und prüft die Sicherheit der Zweiräder. Dafür hat die Polizei eigene Leute. Viele Kinder und Jugendliche haben einfach nicht das Geld, um ordentliche Ersatzteile zu kaufen. Und häufig können nicht einmal Abiturienten ein Fahrrad flicken.

Alle haben was von einer solchen Fahrradwerkstatt. Durch die Begegnung von SeniorInnen und Jugendlichen/ Kindern verbessert sich das soziale Kleinklima im Quartier. Das Fahrradthema ist jederzeit ein Anlass für Fachsimpelei und Gespräche.

Johanno Strasser, Denker der SPD, fordert für ein gedeihliches Zusammenleben in urbanen Vierteln, die von Wohnblocks geprägt sind, viererlei: Treffmöglichkeiten für Jugendliche, Räume, um mit der Nachbarschaft zu feiern, Spielflächen für Kinder – und eine Quartierswerkstatt, also Raum, damit die Menschen reparieren, werkeln können. »Basteln« nennen wir das, und »bricoler« sagt der Franzose. Es klingt nach »Baustelle des Lebens«.

Fünfmal basteln, dann kommt die Polizei und prüft die Sicherheit.

www.wissenschaft-technik-ethik.de/clausthal-zellerfeldfahrradwerkstatt.html
Weitere Angebote unter
»Ehrenamtliche Fahrradwerkstatt«.

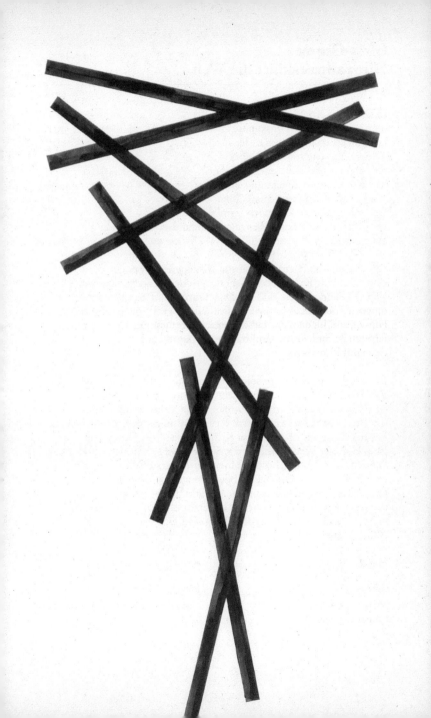

Girls-Group
Die Tante erklärt die Welt

»Ich bin Online-Redakteurin bei einem großen Unternehmen im Bereich der Telekommunikation. Mein größter Fehler ist meine Ungeduld, aber ich bin gerne schnell, und meistens macht mir die Arbeit Spaß. Aber sie ist nicht alles, und sie füllt mich keineswegs aus. Ich möchte etwas Sinnvolles machen. Das meine ich ernst.

»Ich bin wie eine ältere Schwester für sie.«

Seit einiger Zeit betreue ich eine Mädchen-Gruppe – eine ›Girls-Group‹, vier Mädchen, 16 oder 17 Jahre alt. Vier Mädchen, klein und zierlich, kräftig und trotzig, mit scheuem Lächeln, mit Blaue-Augen-Blick. Am Ende der Pubertät, voller Hoffnungen und Träume, aber auch mit einer ernüchternden Realität konfrontiert. Niemand wartet auf sie, wie erfolglose Bewerbungen zeigen.

Ich denke, ich bin wie eine ältere größere Schwester für sie, die es geschafft hat. Oder wie eine Tante, die vorbeikommt, ab und zu. Das ist etwas anderes als eine Freundin. Ich möchte sie beraten. Nein, ich möchte, dass sie von mir etwas lernen, wenn sie wollen: ein bisschen Lebenswissen und Kultur. Vor allem: ein bisschen Frau-Sein.
Einmal in der Woche treffen wir uns. Zunächst habe ich mit dem begonnen, was ich am besten kann. Ich habe sie mit dem Computer vertraut gemacht. Wir haben Bewerbungen geschrieben und in Rollenspielen Einstellungsgespräche trainiert. Ich hoffe, dass ich die Mädchen mit meiner direkten Art nicht verstöre. Ich halte mit meiner Meinung nämlich nicht hinter dem Berg und sage genau, was ich denke. Alles andere hat keinen Zweck.

Für die Mädchen war es am Anfang komisch, mit einer Erwachsenen regelmäßig Zeit zu verbringen. Eines Tages werde ich ihnen sagen, wie sie es vermeiden können, von ihrem nächsten Freund ausgenutzt zu werden. Wie Liebe selbstbewusst und ohne falsches Opfer funktioniert.

Neulich habe ich alle ins Theater eingeladen. Manche waren noch nicht oft dort. Aber warum soll ich ihnen nicht Orte zeigen, die mir selbst viel bedeuten? Sie waren aufmerksam und neugierig, ein bisschen schüchtern und still. Sie haben sich fein angezogen und waren stolz.

Jemand hat das tätige Solidarität und praktischen Bürgersinn genannt. Darüber habe ich noch nie nachgedacht. Ich habe ein gutes Gefühl und ein bisschen weniger schlechtes Gewissen, weil ich von dem abgeben kann, wodurch ich groß geworden bin. Außerdem habe ich seitdem einige Verehrerinnen.«

www.girls-day.de   www.pcfrauen.de

Friedhofsmobil

Oma allein zu Haus! Das ist das Schicksal vieler Alten. Manche haben Angst, allein den Friedhof zu besuchen, und andere kommen nicht mehr ohne Gehhilfe zurecht. Ein Taxi zum Friedhof? Klar, aber das ist teuer, und der Fahrer wartet nicht, denn ein wenig müssen die Gräber doch in Ordnung gebracht, ein Blümchen gepflanzt werden. Und wer hilft dabei? In Köln gibt es das Friedhofsmobil – bisher einmalig in Deutschland. Nach Anmeldung per Telefon beim Senioren-Servicedienst und genauer Terminvereinbarung fährt ein junger Mann die Seniorinnen, denn meist sind es Frauen, zu einem der 59 Kölner Friedhöfe. Er hört zu, hilft beim Pflanzen, hat Zeit und bringt den Fahrgast auch zu Hause wieder die Treppe hoch. Wer will, kann etwas Geld geben, braucht aber nicht. Die Genossenschaft der Friedhofsgärtner hat diesen Dienst initiiert und finanziert das Gehalt des Fahrers mit Spenden, Benefiz und Unterstützung des Arbeitsamts.

Er hört zu, hilft beim Pflanzen ...

www.senioren-servicedienste-koeln.de

Show des Scheiterns

Die »Show des Scheiterns« ist eine Vortragsreihe, bei der Freiwillige von Vorhaben und Projekten erzählen, die nicht zustande kamen. Ob kommerzielles, künstlerisches oder Freizeitprojekt: Einer hat sich z. B. mit einer Geschäftsidee herumgeschlagen, ein anderer mit einem unvollendeten Roman und ein Dritter mit einem anfälligen Entwässerungssystem für den Garten. Auch wenn sich die meisten danach frustriert oder gar als Versager fühlen, die Botschaft lautet: Scheitern ist etwas Sympathisches, für das man sich nicht zu schämen braucht. Im Gegenteil: Nur wer etwas versucht, kann auch scheitern. Es braucht Mut, über schlechte Erfahrungen zu sprechen, aber dann ist es eine Chance zur Veränderung.

Nur wer etwas versucht, kann auch scheitern.

Die »Show des Scheiterns« ist eine Idee der Berliner Gruppe »Kulturmaßnahmen«, die sich auf die Beobachtung und Inszenierung zwischenmenschlicher Kommunikation spezialisiert hat. Mit der »Show des Scheiterns« geben sie dem Phänomen des Scheiterns ein angemessenes Forum. Es geht beileibe nicht darum, das Publikum auf Kosten des Misserfolges anderer zu unterhalten. Hier ist der Vortragende ein mutiger Pionier. Er kann mit etwas Abstand sein Projekt reflektieren, sich durch das kathartische Ritual der »Feierlichen Vernichtung« vom Ideen-Ballast befreien und einen generellen Beitrag dazu leisten, das gesellschaftliche Verhältnis zum Thema Scheitern zu entspannen.

Weniger kaufen: selber machen! FabLabs

Baumärkte boomen. Das wachsende Bedürfnis, Dinge selbst zu machen, scheint ihnen recht zu geben. Doch wo kann der Heimwerker heimwerken, wenn er keinen Schuppen hinterm Haus, keinen Keller mit Schraubstock oder keinen toleranten Partner hat, der die Sauerei in der Wohnung mit Humor nimmt? Denn wo gehobelt wird ... Im urbanen Umfeld fehlt es vielen Menschen an Platz, Werkzeug und vielleicht auch an Fachwissen, um Dinge selbst zu fabrizieren. Dem wirken FabLabs (engl. fabrication laboratory – Fabrikationslabor) entgegen. Das sind technisch gut ausgerüstete offene Laborwerkstätten, in denen jeder Interessierte Zugang zu Produktionstechnologie und Produktionswissen erhält, die üblicherweise nur Gewerbe oder Industrie zur Verfügung stehen. FabLabs verstehen sich als Orte des gemeinsamen Lernens und der Wissensvermittlung von technischem und medialem Know-how. Zum Beispiel die »Dingfabrik« in Köln. Sie verfügt aktuell über diese Ausstattung:

- CNC Fräsmaschine (Selbstbau)
- Standbohrmaschine
- Nähmaschine
- Oszilloskop
- Schweißgerät
- Drechselmaschine
- CNC-Fräsmaschine (CNC-540)

Orte des gemeinsamen Lernens.

In wenigstens einem öffentlichen Vortrag pro Monat werden Themen aus Produktionswissen, Elektronik, Architektur, Gesellschaft, Kunst und Bildung vorgestellt. Darüber hinaus bieten die Vereinsmitglieder öffentliche Workshops an. Man lernt, wie man T-Shirts im Siebdruckverfahren verschönert, alte Möbel restauriert, Lampen baut, Stempel mit Linoleumwerkzeug schnitzt, Elektronikbauteile zusammenlötet und programmiert oder dreidimensionale Modelle am Computer erstellt und anschließend ausdruckt. Ein feines Fitnesscenter auf Vereinsbasis – nicht nur für Heimwerker.

www.dingfabrik.de
www.fablab-bremen.de
www.fablab-muenchen.de
www.fablab-muenster.de
www.fablab-nuernberg.de

Hurra, wir leben noch – Belebte Gräber

Das Schöne an Friedhöfen ist: Sie sind völlig frei vom Druck der Werbung, der öffentlichen Hektik und bis auf gelegentliche Radfahrer auch von Verkehr. Es fehlt eigentlich nur eine Ecke mit Café und Kiosk, vielleicht ein kleiner kulinarischer Treff für Menschen mit Zeit, die sich hier erholen. Für viele sind sie Orte des Gesprächs und der Begegnung mit anderen Menschen. Und es kann passieren, dass plötzlich aus Ruhe, Entspannung und Muße wieder Erregung, Anspannung und Lebensfreude werden. Wenn man endlich auf den Menschen stößt, den man bisher nicht kannte, aber immer gesucht hat. Dann sind die grünen Oasen Kontakthof und Treffpunkt für das neue Leben jenseits von Trauer. Es fehlt dazu nur die Kaffeebar. Meistens jedenfalls. www.cafe-finovo.de/

In Mexiko und Kroatien ist es ein guter Brauch: Man besucht mit dem Picknickkorb die Verstorbenen. Am Grab wird gespeist und getrunken, man erzählt sich Anekdoten und Geschichten, die die Erinnerung lebendig halten. Die Autoren dieses Buches importierten dieses gesellige Ritual ans Grab eines verstorbenen Freundes. Selbst die skeptische Witwe war hinterher dankbar für das außergewöhnliche Jahrgedächtnis. Eine verwaiste Friedhofsbank wurde kurzerhand vor die Ruhestätte getragen und bei würzigem Käse und italienischem Brot nur Gutes über den erzählt, der plötzlich wieder ganz nah bei uns war. Nun wurde noch eine gute Flasche Montepulciano entkorkt, und auch der verblichene Freund bekam selbstverständlich ein Gläschen ins Grab. Einstimmig beschlossen wir, bald wieder auf ein Glas Wein vorbeizuschauen.

Es muss ja nicht gleich so sein, wie es die Kölner von ihren Originalen erzählen: »Tünnes, wenn ich mal tot bin, schüttest du mir dann ab und zu ein Gläschen lecker Kölsch ins Grab?«, fragt Schääl seinen Freund, und der antwortet, ohne zu zögern: »Natürlich – aber du hast doch nichts dagegen, wenn ich das vorher durch meine Nieren laufen lasse?«

> Am Grab wird gespeist und getrunken, man erzählt sich Anekdoten und Geschichten.

Der schwarze Brad

Brad Pitt übersetzt man mit Brat Peter. Der schwarze Brad ist jedoch ein lebendes schwarzes Brett. Er ruft öffentlich aus, was man bei ihm in Auftrag gibt: Wohnungssuche, Fahrradverkauf, Jobangebot, er preist eine Tanzveranstaltung an oder den Mittagstisch des Viertelsitalieners. Ausrufer Brad alias Ralf Betz ist Veröffentlichungsorgan und Darsteller zugleich.

Der hauptberufliche Comedyautor verfasst die Anzeigentexte selbst und verbindet in seinen Auftritten amüsante Dienstleistung und Kommunikationsangebot. Für nur fünf Euro kann man ein privates Anliegen bekannt geben lassen; gewerbliche Anzeigen kosten etwas mehr. Der schwarze Brad veröffentlicht seine Verlautbarungen, indem er zu festgelegten Zeiten an belebten Orten auftritt, sich auf eine Kiste stellt und mit seiner kräftigen Stimme die Anliegen ausruft. Das Ganze wird dann noch gefilmt und über Youtube verbreitet.

Wer´s nicht glaubt, schaue sich den sympathischen Schreihals an und vergleiche ihn mit Brad Pitt. Wer hat auf Youtube mehr Klicks? Für Schauspieler auch als Stimmtraining zur Nachahmung empfohlen.

www.derschwarzebrad.de

Adopted – Ein Herz für Europäer

»Mein Cousin in Ouagadougou meinte neulich zu mir ...« – so oder ähnlich könnten auch Sie bald schon aus Ihrem Familienleben plaudern. Sie haben aber gar keinen Cousin und schon gar nicht in Burkina Faso? Dank der Konzeptkünstlerin Gudrun Widlok kann Ihnen geholfen werden. Anlässlich einer Afrikareise entstand 1997 ihre Idee zu »adopted«, einem Projekt, das zunächst als reines Kunstprojekt geplant war. Widlok trug Adressen bindungsloser Europäer zusammen, die unter ihrer Vereinzelung litten, um für diese passende afrikanische Adoptivfamilien zu finden. Sie hat das klassische Patenschaftsmodell auf den Kopf gestellt, denn es kümmern sich nicht weiße Erwachsene um bedürftige farbige Kinder. Hier nehmen sich afrikanische Großfamilien einsamer Europäer an und vermitteln ihnen das tröstliche Gefühl familiärer Zugehörigkeit.

> Das tröstliche Gefühl familiärer Zugehörigkeit.

Über die Reaktion in Burkina Faso, einem der ärmsten Länder der Welt, sagte die Künstlerin: »Es war eine Mischung aus Schadenfreude, dass den Europäern auch etwas fehlt, und Freude über echtes Interesse. Dutzende Familien waren sofort bereit mitzumachen. Anhand der Fotos suchten sie sich jemanden aus.« Sie waren spontan bereit, in Sachen Familienkultur dem europäischen Kontinent Entwicklungshilfe zu leisten, und boten sich als Pateneltern an.

Wer ohne verwandtschaftliche Bindungen lebt und sich nach der Erfahrung sehnt, im Schoß der Familie aufgehoben zu sein, kann sich in

Gudrun Widloks Vermittlungsbüro als Patenkind bewerben. Ist eine Familie gefunden, wird der Kontakt hauptsächlich per Telefon oder E-Mail gepflegt. Aber natürlich gibt es auch Besuche bei der Verwandtschaft in der ehemaligen französischen Kolonie Burkina Faso oder im Nachbarland Ghana, wohin Gudrun Widlok ebenfalls vermittelt.

In der realen Begegnung prallen Klischees und Welten aufeinander, aber es scheint doch auch immer wieder Verbindendes auf. Für die Initiatorin dieses eigenwilligen Hilfsprojekts liegt es darin, »... dass trotz aller Unterschiede am Ende des Tages alle zusammensitzen wollen mit der Familie und darüber plaudern, was am Tag passiert ist. Das ist symbolisch: Eigentlich wollen wir doch alle nur in Frieden zusammensitzen und ein bisschen plaudern. Ganz einfach.«   www.adopted.de

Roger Willemsen berichtet:

»Vor Jahren sollte ich anlässlich einer Klosterweihe im Norden Indiens den Dalai Lama interviewen. Seit Wochen waren die Mönche aus dem alten Ladakh unterwegs, Menschen mit reinen Gesichtern und großer Fröhlichkeit. Ich saß auf einem Stein, nervös, wie sich die Begegnung mit dem ›Gottkönig‹ anlassen könne. Zufällig gerate ich mit einem der alten Pilger ins Gespräch. Er sagt ganz lapidar, aber so, dass ich es nie vergessen habe: ›Sorgen Sie sich nicht. Der Dalai Lama will immer, dass es einem nach der Begegnung mit ihm besser geht als zuvor.‹ So wurde diese Begegnung tatsächlich, und heute habe ich mir diese Maxime, für die man keinen spirituellen Hintergrund braucht, zu eigen gemacht. Sie wirkt. Nach außen wie nach innen.«

»Lesen ist für den Geist,
was Gymnastik
für den Körper ist.«
(Joseph Addison)

»›Von deiner Geburt kannst du dir
niemals selbst erzählen‹
heißt ein Essay von Umberto Eco.
Natürlich nicht. Denn die Sprache
erfinden wir nicht selbst, sondern
bekommen sie geschenkt von
Eltern und Geschwistern und allen,
die mit uns sprechen.«
(Franz Meurer)

»Ich schreibe, also bin ich.
Ich werde gelesen,
also bin ich nicht allein.«
(Kurt Marti)

Lesen
schreiben

Wenn du deine Bücher liebst, lass sie frei!
Bookcrossing

»U-Bahnhof Johannisthaler Chaussee – Öffentliches Schwimmbad in der Ganghofer Straße – Bezirksamt Neukölln – Bushaltestelle an der Flughafenstraße 81 – Hype Gallery im Café Moskau«. Das sind nur einige der Berliner Ortsangaben, die man bei bookcrossers im Internet findet. So etwas gibt es in zahlreichen anderen Städten überall auf der Welt. Menschen lassen an öffentlichen Orten ein Buch liegen mit einer Buchnummer, per Hand oder Etikett angebracht, einem Vermerk für den Finder und der Bitte, doch im Internet zu melden, wo er das Buch nach Lektüre wieder ablegt, und vielleicht auch, wie es ihm gefallen hat.

Sechs Millionen Bücher sind weltweit unterwegs.

Bücher nicht verstauben zu lassen, wenn man sie gelesen hat, das ist die Idee, die ein amerikanischer Computerfreak vor einigen Jahren hatte. Leser tauschen sich über den Inhalt aus und lernen dabei nette andere Leser kennen.

Hunderttausende beteiligen sich inzwischen am Freilassen der Bücher und verfolgen mit Spannung, welchen Weg sie nehmen. Weit über sechs Millionen Bücher sind weltweit unterwegs. Autoren und Buchhändler haben anfangs befürchtet, das schade ihren Verkäufen, doch im Gegenteil hat es das Interesse für Literatur bei den Buchjägern geweckt, sie lesen mehr und vor allem, sie tauschen sich aus über die Bücher. In den USA ist bookcrossing inzwischen das größte Literaturforum nach amazon.

www.bookcrossing.com

Nachhaltige Bücherbox
Frauen geben – Männer nehmen

Berlin hat sie und Köln auch, Frankfurt sowieso und sogar Rhöndorf: die offene Bücherbox. Mal ist es eine ausgediente Telefonzelle, mal ein Metallschrank mit Glastüren vom Designer oder auch nur einfach ein Bücherschrank in einem offenen Pavillon. Die Idee ist immer die gleiche, und bei manchen steht es auch dran: »Nimm ein Buch, und bring ein Buch!«, und tatsächlich funktioniert es. Denn wo gibt es sonst noch etwas umsonst? Ein Zettel an der Box klärt auf: »Dies ist eine kostenlose, rund um die Uhr geöffnete
Bibliothek. Nehmen Sie einfach ein Buch mit, das Sie gern
lesen möchten. Später bringen
Sie es wieder zurück – oder stellen
ein Buch dazu, von dem Sie denken,
dass es auch für andere lesenswert ist.
Dann sind immer genügend Bücher für
alle da.«

Eine der ersten dieser Bücherboxen stand
bei Ikea in Köln. Eine zweite am Goltsteinforum in Bayenthal wurde finanziert mit den Geburtstagsgeschenken eines CDU-Politikers. In Frankfurt war es der grüne Verkehrsdezernent, der den Bücherschrank Oeder/Ecke Bornwiesenweg initiierte. In Berlin entstand die BücherboXX als Resultat eines Zukunftsprojekts. Alte Telefonzellen werden umgebaut und nicht verschrottet, kreatives Recycling, das machen Jugendliche im Rahmen der Ausbildung oder Berufsvorbereitung: Tischler für den Regal- und Innenausbau, Maler und Lackierer für das künstlerische Design, Metallbauer für den fahrbaren Untersatz, Elektroniker für die Solarzelle auf dem Dach, die für nächtliche Beleuchtung sorgt. Alles im Rahmen des Berliner LSK-Projekts: »Lokales Soziales Kapital«.

Und dann kommen die Menschen, die Bücher bringen oder nehmen. Das ist nachhaltiger Konsum, fördert eine Ökonomie des Tauschs und macht den Begriff Nachhaltigkeit in einem einzigen Projekt im Alltag der Stadt für viele Menschen sicht- und erlebbar. In immer mehr

Städten entstehen diese Freiluftbücherschränke, auf Plätzen und belebten Höfen, in Parks und Einkaufszonen, auf Spielplätzen oder in Freizeiteinrichtungen. Gleichzeitig steckt ein Kreativplan dahinter zur Förderung der Lesekultur für Jugendliche, Kinder und Erwachsene gleichermaßen. Ein Pate kümmert sich um den Bücherschrank, sorgt bisweilen für Nachschub und sortiert den Ramsch aus.

An vielen Standorten ist die BücherboXX zu einer Attraktion geworden, manche kommen öfter vorbei, schauen nach, ob es Neues gibt, bringen die Bücher gelesen zurück. »Zum Wegwerfen sind die Bücher einfach zu schade. Es ist ein gutes Gefühl, wenn meine alten Bücher einen neuen Leser finden, der sie schätzt. Und ich schaffe Raum für neue Bücher.« Eine Studie an der Bonner Uni über die Benutzer des Bücherschranks kommt zu dem Ergebnis: Die Frauen geben, die Männer nehmen. »Es entwickeln sich völlig neue Kommunikationsnetze, die es ohne den Bücherschrank nicht geben würde.« Denn viele Menschen, die den Schrank eigentlich nur durch Zufall im Vorübergehen entdecken, kommen hier miteinander ins Gespräch.

> Ich schaffe Raum für neue Bücher.

»Das Projekt hat uns gezeigt, dass solche alternativen Systeme durchaus realistisch sind«, so die Projektleiterin. Viele der Befragten hätten zudem den Wunsch geäußert, ähnliche Versorgungssysteme für andere Waren, wie Musik-CDs oder Kinderspielzeug einzurichten.

www.blog.openbokx.de

Du liest Deutschland

Osnabrück hat eine. Dresden auch. Hamburg schon lange und München erst recht. Vom nordfriesischen Niebüll bis Friedrichshafen am Bodensee sind sie zu finden: Vorleseprojekte, die Kindern die Lust am Lesen vermitteln. Zahlreiche engagierte Bürger haben sich von der Idee anstecken lassen. Sportler, Hausfrauen oder Politiker, Prominente und Medienstars, Vorruheständler und Studenten, sie alle hat das Vorlesefieber gepackt. Ihr Trägerverein heißt: »Deutschland liest vor«.

Sie lesen zu festen wöchentlichen Terminen und an gut zugänglichen Orten wie Bibliotheken, Jugendeinrichtungen, Kindergärten oder Schulen. Die Vorleser schenken ihren jugendlichen Zuhörern persönliche Zuwendung und sind wichtige Vorbilder. Denn Vorlesen ist aktive Sprachförderung, trainiert Konzentrationsfähigkeit, vermittelt Wissen und regt die Fantasie an. Viele Kinder erleben Lesen nicht mehr als Vergnügen und haben enorme Schwierigkeiten mit Büchern, damit sind Schulprobleme und Nachteile bei der Berufsausbildung verbunden. PISA lässt grüßen. Deshalb wenden sich die Vorleser gezielt an Kinder, die ohne Bücher aufwachsen, gehen an die sozialen Brennpunkte. In den kleinen Vorlesegruppen können die Kinder ihre Deutschkenntnisse verbessern, sie lernen das Hörverstehen, das inhaltliche Erfassen von Texten, und sie entdecken die Schätze der Literatur.
www.lesen-in-deutschland.de

Eine Stadt liest ein Buch

Die Idee kommt aus Amerika. Ganz Los Angeles las »Jenseits von Eden« von John Steinbeck, und in Chicago lasen sie »Wer die Nachtigall stört« von Harper Lee. Die Bürger sprachen darüber, trafen sich organisiert oder einfach so. Dazu kamen Lesungen, Ausstellungen.

In Deutschland griffen einige Städte die Idee auf. Vorher hatte sie schon in Stadtvierteln und Kirchengemeinden begeisterte Aufnahme gefunden: die Idee, Literatur nicht nur einsam zu goutieren. Hamburg hat z. B. »Die Entdeckung der Currywurst« von Uwe Timm gelesen und Rotenburg an der Wümme »Oskar und die Dame in Rosa« des Autors Eric Emmanuel Schmitt. Aufgegriffen wurde die Idee von Neumünster bis Tübingen, und in NRW sind Düsseldorf, Köln, Neuss, Siegen, Versmold und Wuppertal dabei.

Die Entdeckung der Currywurst.

Ziemlich sicher wird die örtliche Buchhandlung, ein literaturbewegter Sponsor oder auch der Verlag eine Anzahl Bücher stiften, damit auch Schulen einfacher mitmachen können. Oder es gilt das Tandem-Modell: Wer sich das Buch, um das es geht, kauft, bezahlt gleich eins mit für die, denen es zu teuer ist.

Tipps zur Organisation gibt der Börsenverein des Deutschen Buchhandels: www.boersenverein.de/sixcms/media. php/976/Tipps_EineStadtliest.pdf

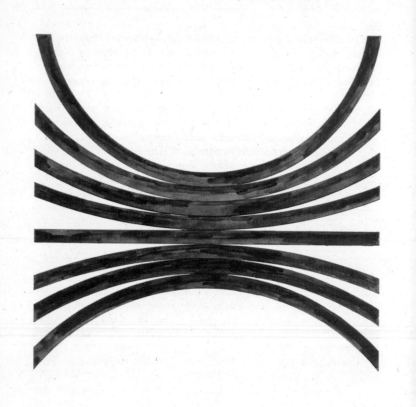

Promis auf die Straße
Straßenzeitungen

Ein Vorschlag für Promis, Künstler und Journalisten, für Verlage und Künstleragenturen: Verschenken Sie Interviews samt Titelfotos bekannter Zeitgenossen an Straßenzeitungen! So wie Joanne K. Rowling. Sie hat den Vorabdruck einer ihrer »Harry Potter«-Romane kostenlos Straßenzeitungen in aller Welt überlassen.

Bei uns heißen sie »Abseits« oder »Asphalt«, »Die Jerusalemmer«, »Die Straße«, »Draussenseiter« oder »fifty-fifty«, »Straßenkreuzer«, »Strohhalm« oder »Tagessatz«. Diese Blätter werden auf der Straße verkauft oder in der U-Bahn, von Obdachlosen, die sie auch herausgeben, schreiben und redigieren. Und ganz wichtig: Sie sind zugleich deren Einkommensquelle. Deshalb auf dem Titelblatt der Satz: »Die Hälfte des Preises erhält der Verkäufer.« Die neuen Straßenzeitungen kamen zuerst in den USA auf als Sprachrohr und Lobby der Obdachlosen und werden inzwischen auch hier mit Erfolg in Selbsthilfeprojekten produziert. Über dreißig sind es insgesamt in Deutschland mit einer Gesamtauflage von einer Viertelmillion.

Die Hälfte des Preises erhält der Verkäufer.

Internationales Netzwerk der Straßenzeitungen:
www.street-papers.org/
Liste Deutscher Straßenzeitungen:
www.verein-wohltat.de/index.php?id=47

Pauker-Post

Schreibe aus heiterem Himmel einen Brief.

»Lieber Lehrer ...«, so beginnt ein Brief, dreißig Jahre nach dem Schulabschluss an den ehemaligen Klassenlehrer gerichtet, den man seitdem nie mehr gesehen hat. Aber man hat ihn in Erinnerung behalten. Man weiß noch, wenn man darüber nachdenkt, wie er die Klasse betreten und gegrüßt hat, vielleicht fallen einem noch Details ein, der Anzug, die Körperhaltung oder wie er seine Tasche abgestellt hat. Vor allem aber der Unterschied zu den anderen Lehrern und deshalb ja die Erinnerung an das, was er bedeutet, gegeben und erzählt hat. Und jetzt, zwanzig oder dreißig Jahre später, schreibe ich diesem Lehrer aus heiterem Himmel einen Brief. Danke dafür, dass er mich erzogen, unterrichtet und mir ein paar Dinge beigebracht hat, die wichtig waren für mein Leben. Dieser Lehrer wird sich ziemlich wundern, und er wird sich freuen.

Körnerstraße 77
Von Köln in die Welt

Am Anfang gab es ein Problem. Ein Mädchen in der Hausaufgabengruppe des Kölner Appell – der ältesten Antirassismusinitiative in der Domstadt – war beim Klauen erwischt worden. Sie war an den Geldbeutel der Deutschlehrerin gegangen und hatte das Geld ihren Freunden und Brüdern für Süßigkeiten gegeben oder verliehen. »Wir haben festgestellt«, so Klaus Jünschke vom Verein, »dass die meisten kein Taschengeld haben.« Da musste der Appell sich was einfallen lassen, und das Ergebnis ist eine eigene Zeitung, »Körnerstraße 77«, benannt nach der Vereinsadresse.

Das war im Herbst 2006, und inzwischen sind fast ein Dutzend Ausgaben erschienen, von Kindern und Jugendlichen konzipiert, recherchiert, geschrieben und verbreitet. Ein bunter Themenmix, aber immer an den Interessen der Macher orientiert. Kinderrechte oder Kinderarbeit bei der Schokoladenernte in der Elfenbeinküste, vom Berufswunsch Feuerwehrmann bis zur vegetarischen Frikadelle aus Syrien, ein spannendes Heft über die Nachbarn im Kölner Stadtteil Ehrenfeld, das Kölner Geburtshaus oder einen afrikanischen Friseursalon.

Rund 40 Kinder haben bisher in der ZeitungsAG mitgemacht, und der Erfolg kann sich sehen lassen. »Kinder wollen ernst genommen und gebraucht werden.« Und auch die Zeitung kann sich sehen lassen, hat inzwischen mehrere Auszeichnungen erhalten, den Kinderrechte-Preis des WDR und eine Anerkennung vom Bündnis für Demokratie und Toleranz; die Auflage ist inzwischen auf 3.000 geklettert.

Allerdings mit dem Taschengeld haut es noch nicht so richtig hin. Denn die Gesetze verbieten Kindern unter 13 Jahren, die Zeitung zu verkaufen, wegen »Kinderarbeit«. Das ist absurd, denn längst haben die jungen Menschen auch unter 13 Wünsche, aber kennen von Haus aus kein Taschengeld. Eine Ausnahmeregelung beim Jugendamt war nicht zu erhalten, und so fließen die Erlöse auf ein Sonderkonto beim Kölner Appell, von dem gemeinsame Freizeiten, Ausflüge und Ferien an der Nordsee oder auch Geburtstage und Geschenke finanziert werden. Der Erfolg? Die jungen Redakteure lernen, gewinnen Selbstvertrauen, werden auch in der Schule besser und stärken ihre Persönlichkeit.

> Vom Feuerwehrmann bis zur vegetarischen Frikadelle aus Syrien.

www.koernerstrasse77.de

Persönliche Note
Geldbotschaft

In Shanghai tauchten im Sommer 2006 Plakate auf mit der kryptischen Botschaft: »Den Volksgeldschein behutsam zu behandeln bringt Ehre! Ihn zu beschädigen ist rechtswidrig!« Verantwortlich dafür war die Chinesische Volksbank, aber was wollte diese Kampagne eigentlich sagen? Mehr Geld ausgeben oder weniger? Oder nur saubere Geldscheine – und schmutzige zur Volksbank tragen?

Chinas Internetbenutzer haben das Geheimnis gelüftet. Immer mehr Chinesen schreiben persönliche Botschaften wie etwa ihre Erklärung zum Parteiaustritt auf einen Geldschein: »Gebt mir das Land zurück, der Himmel vernichte die KP – ich erkläre meinen Austritt.« Der freie Umlauf der Nachricht ist garantiert, und die Botschaft von den Parteiaustritten, natürlich kein Thema in den Medien, verbreitet sich rasch im ganzen Land. Der Geldschein ist zum neuen Medium geworden. Da Banknoten ständig den Besitzer wechseln, ist die Urheberschaft der Nachricht nicht zu ermitteln. In Diktaturen haben Menschen öfter diesen Weg gewählt. »Nieder mit Ceausescu« wurde hundertfach auf rumänischen Banknoten gefunden.

> Gebt mir
> das Land zurück,
> der Himmel vernichte
> die KP.

Hierzulande regiert die Pressefreiheit, doch die Möglichkeiten, Meinungen zu transportieren, sind sehr ungleich verteilt. Die Wirtschaft darf die halbe Stadt zukleben, Parteien im Wahlkampf haben ausreichend Möglichkeiten, aber Schulen, Kindergärten und gemeinnützige Einrichtungen schon seltener – und der kleine Mann auf der Straße oder die kleine Frau in der Wirtschaft? Der mit einer persönlichen Botschaft, einem Spruch oder einem schönen Aphorismus beschriftete Geldschein wird zwar irgendwann von der Bank aussortiert, aber bis dahin ist er durch Hunderte Hände gegangen. Für so viele Leser wäre mancher Lyriker dankbar.

Wo sich auf »Himmel« – »Pimmel« reimt
Literaturwerkstätten

Sie sind fünf bis zehn Jahre alt, stammen aus kinderreichen Familien, deren Muttersprache nur selten Deutsch ist. Die Eltern sind aus Bosnien und Kroatien, aus der Türkei oder Palästina. Sie wachsen in prekären Lebensverhältnissen auf und hassen die Schule. Ihr Alltag wird bestimmt von Gewalt und Fernsehen. In ihrem Kiez bewegen sie sich zwischen Drogendealern, schmierigen Sexläden und kleineren Bordellen. Das sind die Kinder aus Berlin-Neukölln, die Problemkinder vom Reuterkiez, in dem auch die berüchtigte Rütli-Schule liegt. 2005 war sie in die Schlagzeilen geraten, als ihre Lehrer mit Aussagen über die nicht mehr beherrschbare Aggressivität, Ignoranz und Gewalt ihrer Schüler an die Öffentlichkeit traten.

> Das Happy End drückt ihre tiefste Sehnsucht aus.

Der Brandbrief des Kollegiums regte die Puppenspielerin und Kinderbuchautorin Manuela Mechtel an, selbst aktiv zu werden, und sie eröffnete eine Poesiewerkstatt für die Kiezkinder. Der Kiosk e.V., eine Einrichtung, die ihnen für 50 Cent ein warmes Mittagessen und Obst bietet, wurde ihr Treffpunkt. Ehrenamtlich und ohne Auftrag verbrachte Mechtel regelmäßig Zeit mit ihnen und forderte die Jungen und Mädchen auf, sich Geschichten und Gedichte auszudenken und diese aufzuschreiben.

Mangelnde Konzentrationsfähigkeit, eine deutlich mediengeprägte Fantasie, drastische Familienprobleme und Aggressivität zogen sich durch den Werkstattprozess. Die Kinder buchstabierten ihr eigenes Alphabet mit »Hurensohn«, »Opfer« und »Missgeburt« oder erzählten von »Schlampen«, »Zombies« und »Gangstern«, vom »Ficken« und vom »Töten«. Und trotzdem endet jede Erzählung glücklich; das Happy End drückt ihre tiefste Sehnsucht aus.

Alle Geschichten wurden notiert – von Manuela Mechtel oder den Kindern selbst. Sie hörte zu und fragte nach, arbeitete an der Ausdrucksfähigkeit der Kinder, nicht aber an deren Rechtschreibung. Die meisten Kiezkinder erlebten zum ersten Mal, dass sie etwas können, erfuhren als Nachwuchsautoren Selbstvertrauen und Ermutigung. Ihre Produkte wurden in einer kleinen Broschüre gedruckt und erhielten damit Wert und Würde.

Das wünschte sich Mechtel auch für ihre Schützlinge: »Die Kinder brauchen Ganztagsschulen und Lehrer, die sie fördern. Und jemanden, der an sie glaubt.« Sie kann dieser Jemand nicht mehr sein. Die engagierte Autorin starb im Dezember 2008.

Kinder wie die vom Reuterplatz gibt es überall. Einen vergleichbaren Weg geht Mirijam Günter. Die preisgekrönte Autorin, die selbst durch diverse Heimaufenthalte einen schweren Start ins Leben hatte, führt in Förderschulen, Hauptschulen und Jugendgefängnissen Literaturkurse durch. Sie erreicht die, die aufgrund von sozialer Herkunft oder Migrationshintergrund keine Berührung mit Literatur und wenig Chancen auf Bildungserfolg haben. Aus eigener Initiative widmet sich Mirijam Günter der Sprach- und Leseförderung und trägt die Auseinandersetzung mit Dichtern und Denkern in die bildungsfernen Gesellschaftsgruppen.

Durch ihren eigenen biografischen Hintergrund findet sie einen Schlüssel zu den Teilnehmern, und diese finden einen Zugang zu Heine, Schiller und Goethe, zu Texten und Gedichten und ihrem eigenen sprachlichen Ausdrucksvermögen. Vom Ergebnis dieser Literaturwerkstätten profitieren alle.

Doch das Aufbrechen der Bildungsbenachteiligung kostet Geld. Und so kämpft die Autorin unermüdlich um Fördermittel für ihre Projekte. Was sie dabei immer wieder feststellen muss: Den sogenannten »Risikolagen« Erwerbslosigkeit, Geringverdienst und niedriges Bildungsniveau steht bei manchen Trägern eine Art mentaler »Risikolage« gegenüber. Denn viele können sich einfach nicht vorstellen, dass Literatur und Haupt- oder Förderschule zusammenpassen.

n
en
nen
rnen
ernen
Lernen
und

»Lieber gleich anfangen,
es richtig zu machen.«
*(Peter Braun,
taz Panter-Preis 06/2007)*

»Was wir am nötigsten
brauchen, ist ein Mensch,
der uns zwingt, das zu
tun, was wir können.«
(Ralph Waldo Emerson)

»Es sind die Lebensbedingungen
insgesamt und nicht die Lehrpläne,
die festlegen, was gelernt wird.«
(Manfred Spitzer)

Lehren

Spielt doch mit den Schmuddelkindern
Zum Beispiel: Hauptschule Borsigstraße

Viele 68er gingen wie Mathias Beltz, Joschka Fischer und Tom Königs in die Fabriken, um dem Arbeiter am Band sein Elend klarzumachen – vergeblich. Dem Proletariat ging es jährlich besser. Heute geht es dem sogenannten Prekariat immer schlechter. Warum gehen wir nicht hin? Die Internationale der Verdammten dieser Erde findet man bereits an der Hauptschule um die Ecke.

Gute Angebote zur Kinderbetreuung wirken Wunder: In Frankreich werden 1,97 Kinder pro Frau geboren, in der Kindergartendiaspora Deutschland nur 1,37. Dafür sind bei uns die Kinder aber dicker ...

Was ist los? In Deutschland leben 14 Millionen Kinder und Jugendliche unter 18 Jahren. Eine Million von ihnen besucht zurzeit die Hauptschule, 80.000 im Jahr brechen ab. Zweieinhalb Millionen Jugendliche unter 18 Jahren werden in materiellen Verhältnissen groß, die nach offizieller Lesart als »arm« gelten. Irgendwo zwischen dem harten Kern der Schulabbrecher von 80.000 und den zweieinhalb Millionen liegt die Zahl der Sorgenkinder – wobei Armut natürlich nicht gleichbedeutend ist mit schlechter Erziehung. Aber sie ist eine Gefahr im Mix mit anderen Faktoren: mangelnde Deutschkenntnisse, Dauerarbeitslosigkeit, verfestigte Sozialhilfe-Mentalität, Gewalt in der Familie, Alkohol- und Drogenmissbrauch. Wir haben es mit wenigstens 1,5 Millionen Kindern und Jugendlichen zu tun, die zu Hause nicht erfahren, was es heißt, sich anzustrengen, sich an Regeln zu halten oder sich an den eigenen Erfolgen zu freuen.

Was machen Politiker? Sie fordern mehr Bildung. Das ist gut, und damit kann man nichts falsch machen. Bund, Land, Städte, Gemeinden, Kindergärten, Schulen, alle sind zuständig. Die Verantwortung für Bildung ist diffus, und das kommt Politikern entgegen. Man bekommt immer recht, und erst mal müssen andere etwas tun. Aber verhalten wir Bürger uns nicht genauso?

Was machen wir?

Nichts ist für 10- bis 15-Jährige wichtiger als Erwachsene, die sich für sie interessieren – und die sie als Vorbilder respektieren können. Diese Erfahrung habe ich selbst gemacht, als ich von der Gewerkschaft Nahrung-Genuss-Gaststätten vor zwei Jahren zu einer Lesung an einer Kölner Hauptschule im Arbeiterstadtteil Ehrenfeld geladen wurde. Die NGG entstand aus der Association der Cigarrenarbeiter, die im 18. Jahrhundert die Tradition des Vorlesers begründete. Die Arbeiter legten zusammen und erkoren einen der Ihren dazu aus, ihnen während der stupiden Arbeit Ferdinand Lassalles Schriften oder auch Krimis vorzulesen. Folglich gehörten sie zu den gebildeteren Proletariern und wurden zur Speerspitze der Arbeiterbewegung. Der bei den Zuhörern beliebte Krimi »Der Graf von Monte Christo« gab anschließend der berühmten Zigarrensorte den Namen. So entschied auch ich mich für Kriminalliteratur, einen Ratekrimi aus meiner Kindheit, und empfehle diesen als Geheimtipp für alle, die sich als Nichtpädagogen an Schulen engagieren möchten.

Tipp 1:

Junge Bildungsverlierer »anfixen« zum Lesen.

»Die Abenteuer der schwarzen Hand« von Hans Jürgen Press aus den 1960er-Jahren mit wunderbar detaillierten Zeichnungen und jugendgerechten Texten als Fortsetzungsserie auf der »Sternchen« genannten Kinderseite der Illustrierten stern. Als Buch sind sie noch heute im Ravensburger Verlag erhältlich. Im nächsten Copyshop lassen sich die Zeichnungen auf Overheadfolie kopieren, und das Abenteuer kann beginnen.

Das Abenteuer kann beginnen.

Das erste Bild zeigt ein geheimnisvolles, vernageltes und offenbar unbewohntes altes Haus. Kaum hat man der Klasse die erste Seite

Die Einstiegsdroge. vorgelesen, geht's auch schon los: »Was beweist, dass in dem verlassenen Haus ein Mensch ist?« Sobald ein Schüler aufzeigt, bittet man ihn nach vorne und lässt ihn seine Vermutung am Bild zeigen. Ein Mädchen entdeckte den rauchenden Schornstein und bekam von der Klasse Applaus. So kann man bis zu zwei Schulstunden kollektiv Detektiv spielen, die Schüler sind mit Eifer bei der Sache. Wichtig ist, an einem besonders spannenden Punkt aufzuhören. Wenn nun genügend Taschenbücher zur Verfügung stehen, sind diese in der Regel heiß begehrt. Die der Schulbibliothek gespendeten Bücher waren wochenlang ausgeliehen, die Schüler angefixt.

Als ich nach dieser Lesung zufrieden zum nächsten Termin eilte, fragte mich auf dem Schulhof dann einer der Schüler: »Kommst du wieder?« Ich spürte die unverhohlene Freude darüber, dass sich hier offenbar jemand für sie interessierte, der nicht dafür bezahlt wird. Nein sagen ging nicht. Aber was ist mit den anderen Klassen? 300 Schülerinnen und Schüler aus fast 30 Nationen dulden keine Sonderbehandlung einer einzelnen Gruppe. Also fragte ich so lange Kollegen und Freunde, bis jede Klasse einen oder mehrere Paten hatte. Ingo Appelt produzierte mit seiner Klasse Sketche, Wilfried Schmickler rappte, andere machten Hörspiele, Stadtführungen und Filme, ein Theaterstück entstand und eine professionelle Schülerzeitung. Mit der engagierten Unterstützung der Lehrerinnen und Lehrer haben wir die Schule ein Jahr lang aufgemischt. Am Ende stand ein rauschendes Fest und die Schüler vor vielen Hundert Zuschauern auf der Bühne, strotzend vor Selbstbewusstsein.

»Kommst du wieder?«

Berufswunsch? Auf die Frage »Was möchtest du werden?« ant-
Hartz IV. worten die meisten Hauptschüler: »Hartz IV.«
Als ich einen aufgeweckten elfjährigen Schüler vor
dem Schulfest animierte, er solle doch seine Freunde,
Eltern und Geschwister mitbringen, meinte er skep-
tisch: »Ich weiß aber nicht, ob meine Brüder alle Haftur-
laub bekommen.«

Er hat fünf Brüder, von denen keiner mehr frei herumläuft.
Gerade wurden in Nordrhein-Westfalen 60 Millionen Euro für
einen Gefängnisneubau bewilligt. Es braucht nicht die agitatori-
sche Wortgewalt Rudi Dutschkes, um der Bevölkerung klarzumachen, dass dieses Geld woanders besser angelegt wäre. Die geburten-
schwachen Jahrgänge kommen auf den Arbeitsmarkt, und die Wirtschaft braucht bald auch die Hauptschüler. Würde man sie fördern,
kämen sie alle unter. Elternengagement findet an Hauptschulen nicht
oder nur in homöopathischen Dosen statt.

Der Schriftsteller Graham Greene hat gesagt: »Früher war die Familie
eine Tankstelle, heute ist sie eine Garage.« Da die Lehrer dieser Gara-
genkinder auch noch von der Politik alleingelassen werden, können sie
diese schwierige Aufgabe nicht alleine bewältigen. »Die Gesellschaft
darf sich nicht wegducken«, mahnte die Schulleiterin Angelika Grie-
singer auf dem Schulfest.

Welche Chancen hier bisher vertan wurden, mag nicht jedem sofort
aufgefallen sein. Wohl aber setzt sich die Erkenntnis durch, dass die
Hauptschule in dieser Form als Relikt der Ständegesellschaft in der
heutigen Zeit nichts mehr zu suchen hat. Die Kinder empfinden das
Aussortieren im Alter von zehn Jahren als Schlag in die Magengrube,
der durch nichts zu rechtfertigen ist. Halbwegs plausibel wäre allenfalls
eine ganz besondere Förderung.

Jedoch das Gegenteil ist die Norm, und so fühlen sich die Jugendlichen tatsächlich als Rest des Schulsystems. Die Ausstattung der Eh-
renfelder Hauptschule Borsigstraße etwa ist erbärmlich, es gibt keinen
Musikunterricht und nicht mal eine Aula. Allerdings gibt es ein paar

Leute, die sich dafür einsetzten, dass diese Schüler all das bekommen, was andere auch haben. Und vielleicht noch ein ganz klein bisschen mehr.

Das größte gesellschaftliche Ereignis in Köln ist der Karneval, und speziell für Schulen gibt es die sogenannten Schull- und Veedelszöch, in denen Schulen und Viertelsvereine gemeinsam denselben fünf Kilometer langen Zugweg gehen, den einen Tag später der Rosenmontagszug absolviert. Doch welche Schulen findet man dort? Gymnasien und Grundschulen aus intakten Vierteln. Hauptschulen sucht man wie das Konfetti im Heuhaufen. Daraus folgt der nächste Tipp.

Tipp 2:

Auch Hauptschüler haben Anhänger.

Wohnen Sie in einer Stadt, in der es des Öfteren zu karnevalistischen Ausschreitungen kommt? Dann sollten diejenigen den größten Karnevalswagen haben, die bisher die kleinsten Chancen hatten. Karnevalisierung heißt immer Umkehrung: Der Narr wird König, der König wird erniedrigt.

Ein Landwirt aus der Umgebung hatte das verstanden und stellte uns einen Traktor samt acht Meter langem Ernteanhänger zur Verfügung. In einer Projektwoche gestalteten Künstler, Rentner, Näherinnen und Ehrenamtler anderer Berufsgruppen gemeinsam mit den Lehrerinnen und 100 Hauptschülern Kostüme, Percussioninstrumente und den gesamten Wagen. Nähen, hämmern, sägen, malen, konstruieren, schrauben, bohren ... das gesamte Spektrum handwerklicher Talente kann hier aufblühen, und am Ende steht ein Happening. Gleich zwei große Karnevalszüge durchjubelten die Schüler, und es war verblüffend, wie viel Power, Freude und Lust auf Leben gerade diese Jugendlichen versprühten. Und mancher Kölner Traditionskarnevalist mit Anzug und Komiteemütze wunderte sich,

> Der Narr wird König, der König wird erniedrigt.

Hauptschule beim Karneval

dass auch »der Moslem im Zoch metjeht!«. Allah & Alaaf.

Doch keineswegs nur Künstler können etwas bewirken. Geradezu segensreich wirkt der Handwerksmeister, der auch nach dem Schulpraktikum ›seine‹ Schüler gelegentlich nach den Noten fragt – und sie ›zur Sau macht‹, wenn sie blaumachen.

Manche Städte – ein Beispiel ist Augsburg – haben gute Erfahrungen mit sogenannten Sozialpaten gemacht: mit Bürgern, die ehrenamtlich, aber in Zusammenarbeit mit den Behörden anderen Bürgern Schritt für Schritt aus der Armut helfen. Analog dazu könnten Erziehungspaten, nennen wir sie mal »Schmuddelkinders Friends«, möglichst früh Mitverantwortung für ein Kind oder einen Hauptschüler übernehmen, könnten vorlesen, bei den Hausaufgaben helfen, aber auch die Eltern daran erinnern, sich gefälligst ordentlich um ihre Rotzlöffel zu kümmern.

Spiel
doch mit den
Schmuddel-
kinder!

Wer soll das tun? Menschen mit ein wenig Zeit. Wir leben in einem Land, in dem es mehr als zwanzig Millionen Rentner gibt. Und ein bis zwei Millionen Jugendliche, die Hilfe brauchen. Nicht jeder Ruheständler wird helfen wollen, nicht jeder wird es können. Viele kümmern sich um die eigenen Enkel, aber manche hätten schon anzubieten, was bei der Arbeit mit den Jugendlichen so verzweifelt gebraucht wird: Zeit, Autorität, Lebenserfahrung.

Einst konnte man in diesem Land noch aufsteigen. Gerhard Schröder war ein gutes Beispiel. Aus ärmsten Verhältnissen rauf bis zum Bundeskanzler – und wieder runter zum Gasmann. Franz Müntefering, Migrationshintergrund – er stammt aus dem Sauerland – hat nur den Volksschulabschluss und brachte es ohne Studium und Abitur zum Vizekanzler. Die Zeiten scheinen vorbei. Die überwiegende Mehrheit der Hauptschüler bekommt keine Lehrstelle. Doch auch das lässt sich umkehren – mit einer Idee, auf die Franz Meurer kam.

Tipp 3:

Das Bewerber-Buch

Die Schulabgänger eines Jahrgangs bewerben sich gemeinsam in einer Broschüre. Dienstleistung, Handwerk, Industrie- oder Pflegeberufe etwa heißen die Kapitel, unter denen sich Personalchefs und Ausbildungsmeister die Bewerber in dem Katalog nach Branchen geordnet anschauen können. Die ansprechende Gestaltung mit den freundlichen Fotos wirkt, mehr noch als ein Stapel gleichförmiger Bewerbungen, als Politikum: Hier sind junge Menschen, die ihre Chance verdient haben. Haben Sie nicht doch noch eine Lehrstelle?

Wie ein solch hochwertiger Katalog entstehen kann, zeigen zwei Ehrenamtler an der Haupt-

Haben Sie nicht doch noch eine Lehrstelle?

... horchte ich durch die geöffnete Tür.

schule Borsigstraße in Köln-Ehrenfeld: Die Fotografin Simin Kianmehr setzte die Schülerinnen und Schüler mit Charme und guter Laune ins rechte Licht, nachdem sie von zwei Schülerinnen gepudert oder mit Make-up vorbereitet worden waren. Die beiden möchten Maskenbildner werden und stellten hier gleich ihr Talent zur Verfügung. Der pensionierte Grafiker Wolfgang Hollmer übernahm die Redaktion und die Gestaltung des Layouts, und ein Sponsor für Druckkosten (ca. 1.500 Euro) fand sich auch.

Zwischenzeitig wurden die Adressen der umliegenden Betriebe recherchiert und eine Rallye vorbereitet. Nun hieß es üben: »Guten Tag. Wir sind Schüler der Hauptschule Borsigstraße, bewerben uns mit einem Prospekt um einen Ausbildungsplatz und möchten diesen gerne dem überreichen, der für die Ausbildung zuständig ist.« Diesen Satz mehrfach geprobt, zogen die Schüler in Dreiergruppen los und besuchten die Betriebe, die auf ihrer »Roadmap« verzeichnet waren. Ich begleitete drei Mädchen, die es beim großen Tierfuttermarkt »Fressnapf« auf Anhieb in die Personalabteilung schafften. Auf dem Flur wartend, horchte ich durch die geöffnete Tür, wie sich die drei vor der strengen Personalchefin schlugen. Sie waren nervös und brachten zunächst kein Wort heraus. Sheyla fasste schließlich all ihren Mut zusammen: »Guten Tag, wir möchten Prospekte verteilen.«

Nicht nur ich, auch die drei Damen brachen in Gelächter aus. Doch drei Betriebe weiter

Wir möchten Prospekte verteilen.

»Um ein Kind zu erziehen, braucht man ein ganzes Dorf.«

kam der Satz schon geschmeidig und vor allem sinngemäß richtig über die Lippen, und die Sache begann Spaß zu machen. Etwa 25 Unternehmen musste jedes Trio bewältigen, und allein die Übung, vor »Entscheidungsträgern« überzeugend zu sprechen, war die Sache wert. Durch die Aktion und die persönliche Begleitung einiger Ehrenamtler konnten wir die Vermittlungsquote steigern: 50 Prozent erhielten einen Ausbildungsplatz. Im Jahr zuvor waren es gerade 5 Prozent.

»Um ein Kind zu erziehen, braucht man ein ganzes Dorf«, sagt ein afrikanisches Sprichwort. Wenn wir die Lehrerinnen und Lehrer mit ihrer großen Aufgabe nicht alleinlassen und alle ein bisschen Dorf spielen, in dem wir ihnen unter die Arme greifen, muss schon bald kein Kind mehr im Getto oder im Großstadtdschungel verloren gehen. Übrigens funktioniert das auch mit sehr kleinem Aufwand.

Ich erfuhr von Sibel, einer 16-jährigen Türkin, die sich im Schülercafé der Hauptschule engagierte und so etwas Ähnliches gerne beruflich machen wollte. Bei meinem täglichen Besuch in meiner Versorgungsanstalt, der »Caffe Bar« in der Kölner Südstadt, fragte ich die Chefin, ob sie eigentlich Lehrlinge ausbildet. »Ja, kann ich das denn überhaupt?« Susi betreibt ihre »Kaffeebud« seit Jahren mit Herz und Seele. Susi ist die Caffe Bar. Auch wenn sie zahlreiche Mitarbeiterinnen beschäftigt, sie ist Master of Desaster. Morgens um sieben kommen die Müllmänner, später die Handwerker, dann die Studenten, die Polizisten, die allein umherziehenden Mütter und die unzähligen Freiberufler wie ich, die »was mit Medien« machen. Ein bunter Kosmos auf 50 Quadratmeter ohne Klo, ohne Garderobe, ohne richtige Stühle. Man sitzt auf der Fensterbank

Vom Schülercafé in die Caffe Bar.

oder steht an Tischen. Es gibt Brötchen, Ciabatta, Müsli, Tageszeitungen und, wenn es sein muss, sogar Kaffee in allen Schaumvarianten.

Ich nahm Sibel mit in die Südstadt und zeigte ihr mein kleines Biotop. »Wie gefällt dir das?« Ihre Augen leuchteten. »Kannst du dir so was vorstellen? Aber ich kann dir nichts versprechen!« Ein Anruf bei der Industrie- und Handelskammer, und schon in der folgenden Woche besuchte ein Herr mit Schlips die Einrichtung. Ein jeder sah, dass der nichts »mit Medien macht«. Das einstündige Gespräch mit der Geschäftsführerin ergab: Eine Gastronomiefachkraft könne Susi kaum ausbilden. Es gibt keine warmen Speisen, und es wird auch nicht mit Messer und Gabel gegessen. Doch etwas anderes könne er sich vorstellen: Einzelhandelskauffrau! Registrierkasse, Warenverkauf, Abrechnung, Buchhaltung. Alle Gewerke eines Ladens sind vorhanden.

Viele beklagen sich über zu große Reglementierung und Bürokratisierung. Aber immer wieder erlebt man die Flexibilität, die man sich wünscht.

Heute macht das türkische Mädchen aus dem Problemviertel Ossendorf eine Ausbildung in der Kölner Südstadt. Es war ein »schwerer Start auf einen fremden Stern«, wie sie selbst sagt. In Ossendorf und Ehrenfeld hat die Polizei einen harten Job, muss oft eingreifen. In der Südstadt gehen die Polizisten Kaffee trinken, und Sibel muss sie korrekt bedienen. Zu Anfang konnte sie den Gästen kaum in die Augen schauen. Doch mittlerweile steht sie selbstbewusst ihre Frau. Sie hat ein Dorf gefunden. Ob sie die Ausbildung mit Abschluss beenden wird? Wer weiß es. So zuverlässig sie bei der Arbeit ist, so unregelmäßig besucht sie die Berufsschule.

Mein Fazit: Die persönliche Begegnung mit diesen begeisterungsfähigen Jugendlichen zeigte mir, was alles nötig und möglich ist. Es hilft nichts, diese ›Schmuddelkinder‹ sind unsere Kinder. Ich habe eine Tochter. Sibel lebt in einer Großfamilie. Es ist ein hässliches Argument, aber es stimmt: Angesichts der Zurückhaltung der gut Ausgebildeten bei der Fortpflanzung wird es über kurz oder lang von existenzieller Bedeutung für Wirtschaft und Gesellschaft sein, wie viele Kinder aus der Hauptschule es auf die Universitäten schaffen.

Von dort kamen die 68er, und diese werden allmählich Rentner. So stellt sich nun erneut die Frage: Hält der Marsch durch die Institutionen einer näheren Sinnprüfung stand? Man kann der Linkspartei, den Grünen oder der SPD beitreten und dafür kämpfen, dass die Hauptschule endlich abgeschafft wird und die Kinder bis zur zehnten Klasse gemeinsamen Unterricht haben. Man sollte sich aber auch mit Freude der außerparlamentarischen Opposition erinnern, die durch handlungsorientiertes Lernen, Lebensweltbezug und Einbeziehung außerschulischer Lernorte frischen Wind in die Pädagogik gebracht hat.

Projektunterricht oder Projektwochen bieten den juristischen Rahmen, als Nichtpädagoge Hauptschulen zu kapern und das verkrustete Schulsystem von unten aufzumischen.

Kommt ihr wieder? Was heißt das? Die Schulen öffnen für gesellschaftliches Engagement. Was aber müssen Nichtpädagogen können, die sich nicht wegducken und sich dieser Schüler annehmen? Sie müssen eine Idee haben, einen Plan – und andere mitreißen können. 68 at its best. Kommt ihr wieder? Eines kann ich versprechen: Man bekommt unendlich viel zurück.

Jürgen Becker   www.hsborsig.de

Pralinen in der Pause
Schülerfirmen

Über tausend Schülerfirmen gibt es heute schon in Deutschland, in allen Schularten und -typen und mit allen möglichen Tätigkeiten, Angeboten und Dienstleistungen. Die einen organisieren Lebensmittel, Pausensnacks oder Ähnliches für die Schule, einige bieten sogar Partyservice außerhalb an, andere betreiben Werkstätten, wieder andere organisieren kleine Dienstleistungen für Senioren im Viertel wie Vorlesen, Hundeausführen oder Spazierengehen.

Ein Beispiel ist die Schülergenossenschaft »Naschwerk« an der Realschule Waldbröl im Bergischen Land. Diese Genossen stellen Pralinen her und dürfen dafür die Schulküche benutzen. Neben den Erfahrungen und Kenntnissen bei der Produktion der süßen Sachen in Küche und Konditorei lernen die Schüler vor allem auch ökonomisches und unternehmerisches Handeln. Die Form der Genossenschaft schreibt ja vor, dass alle Unternehmensentscheidungen in der Generalversammlung getroffen werden, in der jeder und jede Beteiligte eine und gleiche Stimme hat. Aufgeteilt ist das Ganze in Abteilungen für Produktion, Vertrieb, Marketing, Produktentwicklung und Geschäftsführung; da findet jeder eine passende Aufgabe. Die Schülerfirma funktioniert freiwillig, demokratisch und innovativ.

> Die Genossen stellen Pralinen her.

Die Genossenschaft ist ein Schulprojekt ohne eigenen Rechtsstatus, ein Lehrer ist Betreuer, und die Einnahmen müssen – schon aus steuerlichen Gründen – unter einem Geringfügigkeitssatz bleiben. Gleichwohl liegt die Verantwortung bei den Schülern. Ein weiterer Vorteil: Örtliche Genossenschaften, oft Banken, sind zu Beratung und Unterstützung, bisweilen auch zum Sponsoring bereit, sie freuen sich ja, wenn ihre Unternehmensform aktiv aufgegriffen wird.

So entstehen neue Genossen, zumal das Projekt jahrgangs- und klassenübergreifend ist. Es muss ja weitergehen, wenn die ersten als Schulabgänger ausscheiden. Zur Abschlussfeier gibt es dann Pralinen von der Genossenschaft Naschwerk.
www.schuelerfirmen.de
www.realschule-waldbroel.de/site/SchF-Geschichte.htm

Box dich fit
Mädchen stark machen

Wenn Kinder in die Hauptschule kommen, sind sie oft deprimiert und fühlen sich im Abseits. Sie spüren: Jetzt sind meine Lebenschancen schlecht. Jungen versuchen, ihre tiefe Ängstlichkeit durch Machogehabe zu überdecken. Mädchen ziehen sich oft in ihr Schneckenhaus zurück; das Selbstbewusstsein verdunstet.

So weit die Regel – und jetzt die Ausnahme: An der Kölner Gemeinschaftshauptschule Nürnberger Straße hat der Konrektor, der Ahnung von Bodybuilding hat, im Souterrain einen Trainingsraum eingerichtet, um den Jungen dabei zu helfen, ihre Aggressionen in den Griff zu bekommen. Dort lernen sie Selbstdisziplin, Teamwork und sich selbst etwas zuzutrauen. Doch was ist mit den Mädchen? Gemeinsam mit den Jungen würden sie nicht trainieren, Mädchen mit Migrationshintergrund schon gar nicht. Schon beim Sportunterricht in gemischten Gruppen kapseln sie sich ab, melden sich krank oder fehlen einfach. Der Bewegungsmangel führt, zusammen mit falscher Ernährung, oft zu Übergewicht, und das ist außer für die Gesundheit schädlich fürs Selbstbewusstsein. Im siebten oder achten Schuljahr steigen sie dann ganz aus, weil sie sich schämen.

> Mädchen ziehen sich oft in ihr Schneckenhaus zurück.

Ein paar Minuten von der Hauptschule entfernt liegt eine private Kampfkunstschule. Ihr Inhaber, der engagierte Boxtrainer und Kampfkünstler Karl-Heinz Hemmer, hat selbst die Hauptschule Nürnberger Straße besucht und genießt daher den besonderen Respekt der Schüler. Einmal in der Woche bietet er in der Mittagspause in der Schule für die Mädchen ein Training in Körpererfahrung an, das ihre Fitness und ihr Selbstbewusstsein stärkt. Die Teilnehmerinnen sind begeistert, denn ohne in Konkurrenz zu den Jungen treten zu müssen, spüren sie ihre eigene Kraft. Dass zur Körperarbeit auch eine gesunde Ernährung gehört, erscheint dann nur logisch.

Simpel und sozial – Günstige Nachhilfe von Migranten für Migranten

Chancenwerk e.V. hat ein innovatives, sich größtenteils selbst erhaltendes Mentorenprogramm zur Bildungsförderung entwickelt. Die Idee folgt einem einfachen Schema. Kenntnisse werden von oben nach unten weitergereicht: Ein Student hilft acht Schülern bei der Abiturvorbereitung, die als Gegenleistung wiederum Nachhilfe und Hausaufgabenbetreuung für 16 Schüler der unteren Jahrgänge übernehmen. Die Schüler der unteren Lernebene zahlen für die Nachhilfe einen geringen Beitrag in einen Topf, aus dem die Studenten entlohnt werden. So schließt sich der Kreis. »Hilfe geben und nehmen« lautet das Erfolgsprinzip, das Selbstbewusstsein fördert sowie Lernbereitschaft und persönliche Kompetenzen aufseiten aller Beteiligten stärkt. Das Projekt befähigt Kinder, sich Ziele zu setzen, und gibt schulische Hilfestellung für den Erfolg.

> Hilfe geben und nehmen.

Murat Vural, der 2004 den gemeinnützigen interkulturellen Bildungs- und Förderverein für Schüler und Studenten IBFS Chancenwerk gegründet hat, ist selbst Doktorand der Elektrotechnik an der Uni Bochum. Er probierte das Pyramidensystem zunächst an einer Schule im Ruhrgebiet aus und arbeitete mit Kindern aus türkischstämmigen Familien. Dann gewann er weitere Nationalitäten und nicht zuletzt auch deutsche Kinder für seine Idee. So ist aus einem Integrationsprojekt inzwischen ein anerkanntes Bildungsprojekt geworden. Darauf ist der Initiator des Chancenwerk e.V. besonders stolz. »Jeder in Deutschland soll eine Chance bekommen, etwas zu werden, aber auch etwas dafür tun«, lautet Vurals Devise.

www.chancenwerk.org

Englisch im Kindergarten

Seit Pisa, Iglu und den neusten Erkenntnissen der Hirnforschung wissen wir: Im Vorschulalter stehen die Möglichkeiten für den Spracherwerb, für das Lernen überhaupt so weit offen wie Scheunentore. Kinder sind – besonders zwischen drei und sechs – in faszinierender Weise an der Erforschung ihrer Welt interessiert. Nur die wenigsten Kindergärten können aber diese kindlichen Bedürfnisse nach »Selbstbildung« aufgreifen. Denn: Jedes Kind hat seinen eigenen Entwicklungsrhythmus, den die ErzieherInnen erforschen müssen, um zur rechten Zeit die richtigen Angebote machen zu können, sonst verkümmern die dafür »bereitgestellten« Gehirnstrukturen – so wird vielfach das Lernen schon in der Grundschule mühselig und frustrierend. Bildungspolitiker wissen das seit Jahren, aber es fehlt ihnen der Wille oder die Macht, Kindergärten dafür besser auszustatten. Wenn einer die Macht hat, wirklich etwas zu bewegen, dann sind das meist die Bürger selber, die Eltern. Elterninitiativen suchen und engagieren z.B. einen »native speaker«, der mit den Kindern englische Lieder singt und auf Englisch Spiele und Abenteuer inszeniert, um ganz nebenbei, eben spielerisch, die Grundlagen einer Fremdsprache zu vermitteln. Alle bisherigen Forschungsprojekte zeigen, dass gerade in diesem Alter das unbewusste Erlernen einer Fremdsprache die größten Chancen bietet, ohne Vokabelpaukerei und Angst vor Versagen mehrsprachig zu werden. Sollte der Kindergarten eines Tages Pflicht werden, auch für Migrantenkinder, dann bieten sich hier bisher völlig ungenutzte Möglichkeiten, sowohl die Muttersprache als auch Deutsch oder eine Fremdsprache spielerisch und fast unbewusst zu erlernen.

Die Frage kommt sofort: Wer bezahlt diese zusätzlichen Lehr- oder sagen wir besser »Spiel«-Kräfte? Politiker lehnen es eindeutig ab. Noch! Elterninitiativen haben Firmen gefunden, die von der Idee so begeistert waren, dass sie sich als Sponsoren zur Verfügung gestellt haben. Sie wissen, die Zukunft des Standorts Deutschland wird nicht am Hindukusch verteidigt, sondern im Kindergarten um die Ecke.

> Die Zukunft des Standorts Deutschland.

Führerschein fürs Leben

Erstens: der Büchereiführerschein

Kinder lieben Urkunden. Auch unsportliche Männer geben nach dem fünften Bier zu, dass sie als Kind gern eine Urkunde bei den Bundesjugendspielen bekommen hätten oder das Freischwimmerabzeichen. Es blieb beim Seepferdchen. Wie für den Sport gilt das auch für die Kultur. Zum Beispiel der Büchereiführerschein. Ein Kindergarten besucht die Bücherei. Die Kinder erleben eine spannende Stunde mit Vorlesen und lösen einige Rätsel. Beim zweiten Besuch lernen sie kennen, was die Bücherei sonst noch alles bietet: nicht nur Bilderbücher, auch Hörbücher und Filme, DVDs und Bücher für Erwachsene. Natürlich auch Kinderlexika, die die Welt erklären. Und tolle Wimmelbücher, um selbst Geschichten zu erfinden. Am Schluss gibt es einen kleinen Test, den natürlich alle bestehen. Danach bekommen sie den Büchereiführerschein, der erste Führerschein in ihrem Leben. Jedes Kind kann sich dann als Belohnung ein Buch aussuchen, nicht zum Ausleihen, sondern zum Behalten.

Und tolle Wimmelbücher ....

Zweitens: der Kulturführerschein

Die Grundschule Südallee in Düsseldorf hat den Kulturführerschein eingeführt. Die Kinder der dritten und vierten Klasse besuchen die Einrichtungen, in denen es Kultur gibt: Theater, Oper, Atelier und Museum oder Stadtführung. Die Kosten teilen sich das Kulturamt und Sponsoren. Damit führt die Schule ja auch den Kultureinrichtungen die Besucher von morgen zu. Im Filmmuseum schauen die Kinder nicht nur hin, sondern erstellen einen kleinen Trickfilm. Im Tanzhaus kommen sie selbst in Bewegung. Im Museum betrachten die Kinder erst die Bilder, dann malen sie in der Mu-

... kommen sie selbst in Bewegung.

seumswerkstatt. So erfahren sie, dass Kultur nicht nur Konsum ist, sondern Kreativität und Aktion anstößt. Bei einem Fest im vierten Schuljahr erhalten die Kinder dann ihren Kulturführerschein. Eltern, Freunde und Geschwister sind eingeladen; das Programm mit Tänzen, Gedichten und Musik gestalten die Kinder selbst. Das Sahnehäubchen folgt am Ende des Schuljahrs: Alle Kinder mit Führerschein führen »Peter und der Wolf« auf. Bühnendekoration, Technik, Kostüme, Orchester und Schauspieler – alles selbst gemacht.

Drittens: der Sozialführerschein

Eine der zentralen Forderungen der Bildungspolitik ist der gemeinsame Unterricht in integrativen Klassen. Also behinderte und nicht behinderte Kinder gemeinsam. Förderschulen führen leider oft zur Exklusion, so sehr sich die Lehrerinnen und Lehrer auch engagieren. Die Integration ist eine Chance der Persönlichkeitsentwicklung. Die »Westfalenfleiß GmbH« in Münster, die Einrichtungen für und mit Behinderten unterhält, hat hierzu den »Sozialführerschein« erfunden. Das Angebot richtet sich an Schülerinnen und Schüler der neunten und zehnten Klasse, also Jugendliche zwischen 14 und 16. Die Stiftung Wohlfahrtspflege fördert das Projekt. Einen Monat lang nehmen die Bewerber an vier Nachmittagen pro Woche am Alltag der Behinderten teil, insgesamt 16 Tage. Daneben gibt es theoretische Informationen zum Begriff Behinderung, zur Pädagogik und auch zu Berufsperspektiven in der Arbeit mit benachteiligten Menschen, ein Aspekt der Berufsorientierung. Wer regelmäßig teilnimmt und interessiert mitmacht, erhält am Ende den »Sozialführerschein«.

... an vier Nachmittagen pro Woche.

www.kulturführerscheinfürkids.de
www.westfalenfleiss.de/projekte/sozialfuehrerschein

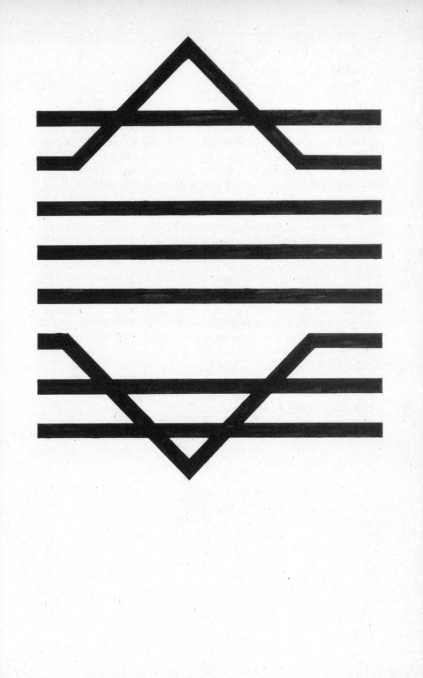

Mal eine Prüfung bestehen
Gabelstapler für alle

Jugendliche ohne Schulabschluss leben mit dem Gefühl, versagt und keine Prüfung im Leben je bestanden zu haben. Nicht einmal der Führerschein ist bezahlbar, die theoretische Prüfung scheint eine unüberwindbare Hürde. Die folgende Idee können alle Bürgerzentren, Kirchengemeinden, Vereine, Firmen, Schulen und alle Einrichtungen mit etwas Platz und festem Estrich umsetzen.

Im Untergeschoss von St. Theodor in Köln-Vingst steht ein Fahrzeug, das viele Jugendliche fasziniert. Es hat wie ein Porsche Gas, Bremse, Lenkung, aber darüber hinaus Kräfte wie Superman: Tonnenschwere Lasten können gehoben und transportiert werden. 130 Jugendliche machten dort allein 2006 den Führerschein für Flurförderfahrzeuge, eine Ausbildung zum Gabelstaplerfahrer. Vielen stand der Schweiß auf der Stirn, nicht alle schafften die Prüfung beim ersten Mal, aber für die meisten war es das erste Erfolgserlebnis seit Langem und dazu die erste kleine Berufsausbildung. Nicht wenige fanden einen Job als Lagerist.

> Wie ein Porsche – Gas, Bremse, Lenkung.

Was braucht man dazu?

1. Einen geliehenen oder gebraucht gekauften Gabelstapler. Oder fragen Sie einen Unternehmer, ob er bei der nächsten Neuanschaffung den alten Stapler nicht gegen eine Spendenquittung verschenken möchte? Er wäre blöd, wenn er Nein sagte.

2. Einen ausgebildeten Fahrlehrer. Auch hier kann man über den Preis reden. Die Ausbildung zum Staplerfahrer dauert in der Regel einen Tag. Ein Tag, der bereits das Leben vieler verändert hat, hievte er doch ihr Selbstwertgefühl in ungeahnte Höhen.

Kasse machen ohne Geld
Freiwilligenagentur

Im Kapitalismus wird der Mensch vom Menschen ausgebeutet, im Kommunismus war es umgekehrt. Das beweist der Computer jeder Freiwilligenagentur. Hier gibt es zwei Rubriken: Unter »Suchen« finden wir beispielsweise eine Schulbücherei, deren Bibliothekar vom Schulamt wegrationalisiert wurde und die nun stundenweise eine ehrenamtliche Kraft sucht. Einen Schützenverein, der einen Historiker braucht, der ihm die Vereinsgeschichte schreibt. Und ein kleines Theater, das sich um eine unentgeltliche Kraft für die Buchhaltung und die Abendkasse bemüht. Unter »Finden« bieten Buchhalter im Vorruhestand, arbeitslose Sekretärinnen oder Akademiker ohne Job eine qualifizierte Tätigkeit an, von der sie etwas verstehen. Außerdem bewahren sie sich die Möglichkeit, durch zeitlich begrenzte ehrenamtliche Tätigkeiten wieder Kontakte zu knüpfen und ihre Chancen fürs Erwerbsleben durch Erfahrungen zu verbessern. In der DDR hatten alle Arbeit, aber keiner was zu tun. Hier haben viele keine Arbeit, aber wenigstens einige was zu tun!

Im Kommunismus ...

... war es umgekehrt.

Infos beim Bundesverband der Freiwilligenagentur: www.bagfa.de

Seitenwechsel®

Die Schweizerische Gemeinnützige Gesellschaft hat vor über zehn Jahren die Idee entwickelt: Seitenwechsel. Führungskräfte aus der Wirtschaft arbeiten für eine Woche in sozialen Institutionen. Das kann in der Kinder- und Jugendhilfe oder bei einer Flüchtlingsinitiative sein, es kann um Sucht und Drogen gehen oder um Obdachlose und Schwerkranke. Öffentliche oder private Einrichtungen bieten diesen Führungskräften für eine Woche einen Praktikumsplatz und stellen ihnen einen Partner an die Seite.

Der Seitenwechsel verlangt Persönlichkeit, denn diese Menschen, die gewöhnlich selber anleiten, führen und Managementaufgaben erledigen, müssen lernen, sich einzupassen und gewöhnliche, für sie aber ungewohnte Arbeiten zu verrichten, Sensibilität für soziale und zwischenmenschliche Problemlagen zu entwickeln. Sie übernehmen beispielsweise die Pflege von Menschen mit Behinderungen, begleiten Wohnungslose zum Sozialamt, machen Hausaufgaben mit Flüchtlingskindern und lernen die Welt von Jugendlichen in sozialen Brennpunkten kennen.

Gleichzeitig ist der Seitenwechsel auch ein Qualifizierungsprogramm, das Managementfähigkeiten erweitert und die soziale Kompetenz der Führungskräfte stärkt. Vor allem aber gewinnen die Teilnehmer an persönlicher Stärke. Die sozialen Einrichtungen und Projekte erhalten neben einer Arbeitskraft Impulse aus einer anderen Welt, und unter Umständen ergeben sich auch längerfristige Kontakte.

Ungewohnte Arbeiten verrichten.

Der Seitenwechsel wird organisiert, vorbereitet und begleitet von lizensierten Agenturen wie den Freiwilligenagenturen.

www.seitenwechsel.com

Siebentausend Kapazitäten
Senioren-Experten helfen mit Rat und Tat

Vom pensionierten Gartenbauexperten, der in Brasilien Blumenzüchter berät, über die ehemalige Hotelmanagerin, die in Litauen das Servicepersonal eines Gasthauses schult, bis zum Ingenieur in Rente, der chinesischen Kollegen erklärt, wie umweltfreundliche Filteranlagen in Kohlekraftwerken funktionieren – fast 7.000 Frauen und Männer sind derzeit beim »Senior Experten Service« (SES) in Bonn registriert. Sie bieten ehrenamtlich ihre im Berufsleben erworbenen Fachkenntnisse an und werden vom SES weltweit in kleine und mittlere Unternehmen geschickt, um hier Hilfe zur Selbsthilfe zu leisten. Die Oldie-Experten erhalten für ihren Einsatz Reisekosten und Taschengeld. Beides wird vom Auftraggeber finanziert, wenn dieser dazu in der Lage ist. Die Einsätze finden überwiegend in Entwicklungs- und Schwellenländern statt. Seit der Gründung 1983 fanden 15.000 Einsätze statt, 90 Prozent wurden erfolgreich abgeschlossen. Tabu sind laut SES ethisch bedenkliche Bereiche wie die Rüstungsindustrie. Eine Horrorvision kann also ausgeschlossen werden: Deutsche Muppets-Opas helfen dem Iran beim Atomraketenbasteln.

> Sie erhalten Reisekosten und Taschengeld.

www.ses-bonn.de

Die alternative Liga
buntkicktgut

So heißt ein faszinierendes und europaweit einzigartiges Projekt, das den Münchner Straßenfußball in einer bunten Liga organisiert. Die Initialzündung hierzu kam nicht von Franz Beckenbauer, Mayer-Amselfelder oder Bayern München, sondern schlicht vom städtischen Flüchtlingsamt. Aus einer Betreuungsmaßnahme für Kinder und Jugendliche, die in Gemeinschaftsunterkünften für Bürgerkriegsflüchtlinge und Asylbewerber leben, entwickelte sich seit 1997 allmählich und organisch die Idee des erfolgreichen Integrationsprojekts.
Der Erfolg im ersten Jahr mit zehn Fußballteams war überwältigend, die Reaktion aus den Unterkünften und die Erfahrungen mit Kindern und Jugendlichen so positiv, dass man eine interkulturelle Straßenfußball-Liga für die ganze Stadt organisierte. Während der letzten vier Jahre expandierte das Projekt und zählte im Winter 2004/05 über 100 teilnehmende Teams mit mehr als 1.000 Jugendlichen aus über 40 verschiedenen Herkunftsländern.

> Elf Freunde
> müsst ihr sein?
> Quatsch!
> Vier oder fünf
> tun es auch.

Wie funktioniert buntkicktgut? Indem es den bestehenden Fußball infrage stellt. Elf Freunde müsst ihr sein? Quatsch! Vier oder fünf tun es auch. Häufiger Ballbesitz ist garantiert, und das Fußballfeld passt zur Not auch mal auf die Wiese hinter der Siedlung. Das Spieljahr ist eingeteilt in eine Sommer- und eine Wintersaison. Organisiert wird von den Jugendlichen selbst, unterstützt durch einen Liga-Rat. Die Teams, ob männlich oder weiblich, kommen aus Flüchtlings- und Notunterkünften, Tagesstätten, Freizeitheimen, aus der Schulsozialarbeit, von Sportvereinen oder einfach von der Straße. An bis zu fünf Nachmittagen in der Woche und vielen Wochenenden finden auf Bezirks- und Schulsportanlagen jährlich über 1.200 Ligaspiele statt. Damit kicken hochgerechnet an ca. 160 Spieltagen mehr als 150 Kleinfeld-Teams und über 2.000 aktive Teilnehmer in fünf Altersgruppen zwischen 8 und 21 Jahren. Soziologen sprechen begeistert von Integration und Gewaltprävention. Der gesunde Volksmund sagt es treffender: »Besser, als wenn sie Scheiben einschmeißen!«

Gewinnt immer nur München?
Nein. »Einzigartig« stimmt für diese Münchner Liga seit Neuestem nicht mehr. Auch am Rhein gibt es eine solche Straßenfußball-Liga unter dem Titel »Köln kickt«. Hier spielen die »Klingelpütz Street Players« gegen »Yoga Bonitas« und die »Superintelligenten Fußballzauberer« gegen »Tamba Bo 1«. Dagegen klingen Werder Bremen und Alemannia Aachen wie kalter Kaffee.

Sollten Sie nun selbst Lust verspüren, in Ihrer Stadt eine solche Liga ins Rollen zu bringen: Sponsoren und Unterstützer finden sich für eine so inspirierende Idee in der Regel schnell. In Köln sprangen der Initiative neben Stadt, Polizei und dem Festkomitee Kölner Karneval auch der Deutsche Fußballverband zur Seite, dessen Vertreter mit dem Fernglas in der Hand am Spielfeldrand nach Talenten Ausschau halten. Begründung: »Nur so wird man Weltmeister!«

www.buntkicktgut.de/vernetzung

Sang- & klanglos – Musikpaten

Musik ist nicht nur die Sprache der Engel, sie macht auch schlau, wie die Hirnforschung herausgefunden hat. Wer singt, hat einen dickeren Kopf – im Wortsinn: Bestimmte Hirnbereiche entwickeln sich besonders gut, die Synapsen glühen, der Sänger hat Feuer im Kopf. Adorno spürte in der Musik den Hauch des Ewigen, Kindergartenkinder fühlen sich beim gemeinsamen Singen einfach gut. Früher kannten fast alle Kinder Volkslieder, heute vielleicht noch Melodi-

en aus der Hitparade zum Mitsummen. Wobei Summen nicht schlecht ist: Wer Kinder ohne Stress ruhig sehen – besser hören! – will, möge summen. Möglichst tief. Schon kehrt Stille ein.

Jedenfalls sind Singen und Musizieren wieder angesagt, und die, die es noch können, sind gefragt! Also in den Kitas die Großmütter vor allem, die Opas sind noch etwas scheu. Sehr bewährt hat sich auch die Aufnahme von Karaoke-CDs zum Mitsingen. Die Kinder bekommen sie vom Kindergarten oder der Schule mit nach Hause. Wetten, dass sie mit den Eltern im Auto nichts anderes hören wollen – und wünschen, dass alle mitsingen?

Wer jetzt noch nicht davon überzeugt ist, die Gitarre vom Speicher zu holen und sich dem örtlichen Kindergarten oder der Grundschule als Singpate anzubieten, mag sich vielleicht philosophisch überzeugen lassen: »Die Wahrheit ist symphonisch«, sagt Hans Urs von Balthasar.

Adorno spürte in der Musik den Hauch des Ewigen.

Man kann auch als Sponsor einsteigen, wenn man nicht gut singt oder kein Instrument spielt, zum Beispiel bei »Il canto del mondo« (»Der Gesang der Welt«), einem internationalen Netzwerk zur Förderung der Alltagskultur des Singens. Gründer ist der Musikwissenschaftler Karl Adamek. Das generationsübergreifende Singprojekt für Kindergärten wurde 2002 ins Leben gerufen, schult oder berät ehrenamtliche Singpatinnen und -paten sowie ErzieherInnen.

Kindergärten beteiligen sich an den Kosten in den ersten drei Jahren mit rund tausend Euro jährlich, ab dem vierten Jahr reduziert sich der Beitrag auf 160 Euro. Pro Beteiligung von sieben Kindergärten im Gesamtprojekt wird ein Kindergarten aus einem sozialen Brennpunkt kostenlos betreut. www.il-canto-del-mondo.de

Jung lehrt Alt

JuleA das ist nicht der Name einer neuen Popband , sondern die Abkürzung für ein überaus erfolgreiches Projekt der Stadt Arnsberg: Jung lehrt Alt. Die zuständige Ansprechpartnerin der Geschäftsstelle Engagementförderung ist beim Oberbürgermeister angesiedelt. Sie betreut das freiwillige, ehrenamtliche Weiterbildungsangebot für Schüler von der zehnten bis zur zwölften Klasse, das lernwilligen Senioren zugutekommt. Die Aufgabe der Schüler ist, die älteren Menschen auf Feldern zu unterrichten, die den Jungen erheblich leichter fallen. Handynutzung, PC-Schulung oder Vokabeltraining für den Urlaub im Ausland in Englisch, Französisch oder Spanisch. Doch es profitieren auch die Ausbilder. Durch den Rollenwechsel wird das Empathievermögen der Schüler gestärkt; sie gewinnen an Selbstbewusstsein und sozialer Kompetenz. In der Schule wirken sich ihre Erfahrungen dadurch positiv aus, dass sie mehr Verständnis und Kooperationsbereitschaft den eigenen Lehrern gegenüber zeigen. Einmal pro Woche 45 Minuten Lehrereinsatz wird mit einem Zertifikat belohnt, das wiederum einen Bonus bei der Bewerbung bei regionalen Unternehmen einbringt. Erfahrung, Spaß, Persönlichkeitsbildung der Schülerlehrer stehen dem gesellschaftlichen und generationenverbindenden Nutzen sowie dem Zuwachs an praktischer Kompetenz und Selbstständigkeit der Seniorenschüler gegenüber. www.arnsberg.de

> Auch die Ausbilder profitieren.

MouseMobil

Wenn die Senioren nicht zum Internet kommen, kommt das Internet zu den Senioren.

Surfen im Bett? Diese Möglichkeit schaffen die ehrenamtlichen Mitarbeiter von »MouseMobil« in Leverkusen. Ältere Menschen, die nicht in der Lage sind, das Internetcafé aufzusuchen, werden mit dem Laptop zu Hause besucht und in heimischer Atmosphäre in die Welt des World Wide Web eingeführt. Informationen suchen, online einkaufen, Geldüberweisungen tätigen, Kontakte knüpfen und pflegen, mit den Enkeln chatten ... es gibt vielfältige Nutzungsmöglichkeiten, die das alltägliche Leben erleichtern, wenn man weiß, wie. In vielen Seminaren werden diese Kenntnisse vermittelt.
Das Projekt »MouseMobil« bietet Einführungen als mobile Dienstleistung an und trägt dazu bei, dass gerade bewegungseingeschränkte Menschen in die Lage versetzt werden, Neues zu entdecken, den eigenen Horizont zu erweitern und zu lernen, die Hilfsangebote des Internets für sich zu nutzen. www.telelev.net/~seniorentreff

In heimischer Atmosphäre ...

... in die Welt des WWW eingeführt.

Marketing in Zeiten von Hartz IV
Weiterbildung für Schnorrer

Haste mal 'nen Euro? Diesen Satz hört man bei uns doch eher in den Randbezirken gesellschaftlicher Ordnung. Das war einmal anders. Die Reichen brauchten die Armen, damit sie in den Himmel kamen. Manche hatten sogar einen Haus-Armen unter der Treppe wohnen, den sie versorgten. Im Gegenzug musste der für seinen reichen Sponsor beten und so dessen Aufenthaltsdauer im Fegefeuer verkürzen. Oder vor den Kirchen gab es feste Plätze für Bettler, die sie sogar an die Kinder vererben konnten. Das Almosenwesen war allgemein akzeptiert.

Egal, in welche Situation Menschen heute geraten, sie brauchen Respekt, Würde und – Erfolg! Warum bilden wir Obdachlose nicht im Betteln aus? Ein Seminar für kurze Geschichten unter 30 Sekunden, womöglich mit Pointe. Penner, die ihre Sponsoren erheitern! Mitleid erregen ja, aber mit Unterhaltungswert! Die Geschichten über ihr Schicksal müssen nicht der Wahrheit entsprechen, aber sie müssen gut erzählt sein und dem Zuhörer etwas sagen. Die Wahrheit kann jeder. Gut lügen ist die wahre Kunst.

> Mitleid erregen ja, aber mit Unterhaltungswert!

Fahrradkurs mit Kopftuch

Für bürgerliche Menschen ist es schwer zu verstehen, warum arme Menschen sich meist nur in einem engen geografischen Raum bewegen. Sie verlassen ihr Quartier oder Veedel kaum. Sie scheuen davor zurück, ihren Lebensraum über den Kiez hinaus in die »Fremde« zu erweitern. Und es liegt am Geld. Öffentliche Verkehrsmittel sind teuer. Aber warum nehmen sie dann kein Fahrrad? Gibt es doch billige Fahrräder, Gebrauchtfahrradmärkte, sogar alternative Werkstätten, die von Rentnern ehrenamtlich betrieben werden. Eine Kölner Kirchengemeinde lässt sogar in einer solchen Werkstätte Räder wieder herrichten und verschenkt sie an Hartz-IV-Empfänger.

> Die meisten können nicht Fahrrad fahren ...

Eine Zielgruppe allerdings kann mit diesem Angebot nicht erreicht werden. Migrantinnen muslimischen Glaubens. Sie sind mit Haushalt und Kindern voll beschäftigt, vielleicht haben sie noch die eine oder andere Putzstelle außerhalb, aber auch dahin laufen sie oder werden vom Mann mit dem Auto gebracht. Denn nicht selten möchten die Männer nicht, dass die Frauen sich außerhalb der eigenen Wohnung frei bewegen. So kommt die Anschaffung eines Fahrrads gar nicht in den Blick, und nicht zuletzt: Die meisten können gar nicht Fahrrad fahren!

Die Lösung ist ein Fahrradkurs exklusiv für Frauen mit Migrationshintergrund. Zu solchen Veranstaltungen dürfen die meisten Frauen auch mit Zustimmung ihrer Männer hin. Bei gemischten Gruppen wäre das kaum möglich, sie wollen es aber auch oft selber nicht. Denn sie genieren sich, dass sie nicht Fahrrad fahren können. Das ist auch nicht leicht, Kinder haben Stützräder, wenn sie anfangen. Bei den Frauen sind die fürsorglichen Trainerinnen die Stützen. In einem geschützten Raum, wo niemand von außen zuschaut, erarbeiten sich die Frauen nach und nach Gleichgewicht und das Gefühl fürs Radfahren. Der Höhepunkt ist, wenn am Schluss die eigenen Kinder applaudieren, weil Mama Rad fahren kann.

Der Clou eines solchen Projekts in Köln-Ostheim ist: Jede Teilnehmerin bekommt am Ende ein Rad geschenkt. Eine Fahrradwerkstatt ehemaliger Junkies hat dabei geholfen und Räder für einen symbolischen Preis zur Verfügung gestellt. Und ganz wichtig: Mithilfe von Sponsoren bekommt jede dazu ein vernünftiges Schloss geschenkt. So legt sie künftig ihr Rad an die Kette und nicht mehr sich selbst.

Unter dem Stichwort »Radfahrschulen« findet man solche Kurse z.B. auf der Seite des Allgemeinen Deutschen Fahrrad-Clubs: www.adfc.de

... und genieren sich oft dafür.

Familienfußball

»Ich bin Friseur und heiße Salvatore. Seit meinem zweiten Lebensjahr bin ich in Deutschland. Mit meiner Frau habe ich zwei Söhne, 8 und 13. Mein Ältester spielt im Verein Fußball. Samstags mache ich mit zwanzig Freunden meiner Söhne Fußballturniere, meistens in einer Halle mit Kunstrasen. Wir bekommen einen Sonderpreis, 64 Euro für drei Stunden. Die Eltern sprechen sich ab und bringen die Kinder per Auto hin, den Rest packe ich in meinen Van. Die Eltern, die das Geld haben, bitte ich um 5 Euro pro Kind. Da der Chef in der Halle nett ist, macht er uns zwei große Bleche Fritten für 12 Euro, nur ein Drittel des normalen Preises. Mir ist wichtig, dass ich mit meinen Söhnen etwas zusammen mache. Als Friseur kann ich das die Woche über kaum. Und ich will die Freunde meiner Jungs kennenlernen. Sie kommen aus sieben Nationen. Ich finde gut, wenn es gerade im Sport friedlich zugeht, und es klappt auch. Natürlich stecke ich einiges Geld zu am Samstag. Aber dafür spende ich sonst nicht so viel. Ich spiele auch selber mit. Der Grund ist, dass ich dann den Kindern den Ball zuspielen kann, die nicht so oft angespielt werden, weil sie nicht so gut sind. Die guten Spieler finden das in Ordnung.«

> Die guten Spieler finden das in Ordnung.

»Menschen wirken wie verwandelt,
wenn man sie als Mensch behandelt.«
(Erich Kästner)

»Denn wir essen Brot,
aber wir leben von Glanz.«
(Hilde Domin)

VER-

Das Design bestimmt das Bewusstsein.

»Wo es arm ist, darf es nicht ärmlich sein.«
(Franz Meurer)

Strickguerilla
Die Eroberung des öffentlichen Raums

In Dortmund waren es Straßenpoller, in Wien ein Brückengeländer über der Donau und in Berlin eine ganze Telefonzelle: Eines Tages waren sie bestrickt. Niemand wusste, wer die bunten Wollsachen um diese öffentlichen Möbel gestrickt hatte, aber sie gestatteten ungewohnte Blicke und Eindrücke auf gewöhnliche Objekte. Urheber dieser neuen Art öffentlicher Kunst ist eine Art Strickguerilla, Menschen, die den urbanen Raum mittels gestrickter Zeichen erobern wollen. Das Prinzip ist einfach: Sie stricken oder häkeln etwas, das sie vor Ort, an einem Pfosten, Zaun, Straßenschild oder einer Mauer, anbringen, möglichst dauerhaft, aber auch so, dass es entfernt werden kann. Die Strickaktion ist damit weniger aggressiv als das klassische Graffito, das meist schwieriger zu entfernen ist. Die Wollvariante der Stadteroberung reicht von bestrickten Bäumen, Verkehrsschildern und bekleideten Denkmälern über umhäkelte Busse bis zu Landschaftsinstallationen, bei denen die Grenze zu Landscape Art fließend ist. Auch die Techniken sind vielfältig, von einfachen, glatt oder kraus gestrickten Teilen über Zöpfe, bunte Muster bis zu ganz freien Formen. Allen ist gemeinsam, nicht zu stören oder zu zerstören, sondern zu bereichern.

> Wir sind der Meinung, abwarten hilft nicht, also stricken wir.

In Wien hat sich das Gruppenstricken als neuer Trend in der Szene etabliert. Die »Strickistinnen« verstehen sich als wollbegeisterte Aktivistinnen. »Wir sind der Meinung, abwarten hilft nicht, also stricken wir. Mit unseren Strickaktionen wollen wir im Alltag überraschen, neue Blickwinkel eröffnen, zeigen, dass vieles auch ganz anders sein könnte, und textile Techniken, die weiblich konnotiert und im Privaten verortet werden, in den öffentlichen Raum einbringen. Wir haben große Freude an Gemeinschaftsprojekten, den Strickgesprächen und besonders den Montageaktionen.«

Die Eroberung des öffentlichen Raums, gewöhnlich durch Werbung, Straßenmöbel, Normierung und Verkehr immer mehr reglementiert, ist das eine. Aber der Strickguerillero – häufiger wohl die Guerillera – hat ein unerhört anderes Verhältnis zu seinem Werk. Sie bleibt anonym, investiert nicht nur Zeit, sondern auch Geld, ohne Aussicht auf persönlichen Applaus, und was sie treibt, ist zunächst völlig sinnfrei. Die Telefonzelle oder das Brückengeländer brauchen ihr Strickstück nicht, ebenso wenig wie der Betrachter, der es sieht. Aber gerade das macht das Besondere aus, den Widerspruch gegen ein Konzept, dass alles einen Sinn haben oder wenigstens Gewinn bringen muss. Und schließlich muss die Strickerin auch loslassen können, denn sie übergibt ihr Werk ungeschützt einer Öffentlichkeit, von der sie nicht weiß, ob sie es am nächsten Morgen nicht schon abschneidet und entfernt, von den Elementen, wie Wind und Wetter, einmal ganz abgesehen.

www.strickistinnen.blogspot.com

Niemand wusste, wer gestrickt hatte.

Bunte Gärten

Begegnung mit
Leipziger
Bürgern.

Wer gärtnert, fühlt sich mit seiner Umwelt, mit der Erde, auf der er lebt, verbunden. Säen, Setzen, Wässern, Ernten – all diese Tätigkeiten haben auch therapeutischen Charakter. In Leipzig macht sich eine Initiative, die »Bunten Gärten Leipzig«, diese heilende Komponente zunutze. Ihr Ziel: Flüchtlinge und Asylbewerber sollen durch gärtnerische Tätigkeit, begleitende Bildungsangebote und Begegnung mit Leipziger Bürgern neue Perspektiven und die Chance zur Weiterbildung während ihres Aufenthalts »zwischen zwei Ländern« erhalten. Ob Arbeit, Bildungsangebote, Computerklub oder eine Kinderbibliothek: Alle Angebote sind ehrenamtlich organisiert. Dabei ist eine regelrechte Win-win-Situation entstanden. Von den »Bunten Gärten« profitieren nicht nur die Flüchtlinge und ihre Kinder, auch die Freiwilligen gewinnen: Sie erfahren Sinngebung und lernen die fremde Kultur der Asylbewerber kennen.

Inzwischen gibt es, angeregt durch das Leipziger Beispiel, zahlreiche Projekte oder Initiativen für bunte Gärten: www.stiftung-interkultur.de

Flower-Power
Blumen im Viertel

Viele Menschen mit Eigenheim oder Schrebergarten machen es so: Blumen pflanzen, Gras einsäen, Bäume pflanzen. Im öffentlichen Raum macht das angeblich die Stadt – aber nicht immer öfter, sondern immer weniger. In den Vororten vieler Großstädte können Baumscheiben – der Bereich rund um einen Baustamm – und das »Straßenbegleitgrün«, wie es so schön heißt, nur einmal im Jahr die Beachtung des Grünflächenamtes erwarten. Was also tun? Die Ant-

wort ist einfach: Selbst pflanzen! Vor der
Haustür, rund um den nächsten Baum, auf
dem winzigen Grünfleck an der Straßenkreuzung.

Erst pflanzen, und dann warten: Es wächst von
alleine! Ein wenig gießen, wenn es nicht regnet.
Wichtig aber: Nicht zu viel pflanzen! Eher etwas
Gras zu- oder nachsäen. Der Effekt ist die Veränderung der Qualität, ist der Anstoß, einfach anzufangen: Unkraut weg, ein paar Blumen rein, Gras dazu,
und es wird sogleich zum Gesprächsthema. Zuerst
eher negativ: Bringt nichts! Wird sofort zertrampelt!
Machen Hunde kaputt! Aber bald ziehen andere nach!

Unkraut weg,
ein paar
Blumen rein,
Gras dazu.

Ein Apotheker hat in der Baumscheibe vor seinem Geschäft einen Kräutergarten angelegt: Salbei, Thymian, Zitronenmelisse, Oregano, Minze, Lavendel ... Demnächst will
er kleine Schilder mit den Namen der Kräuter aufstellen. Eine
Bäckerei in der Nachbarschaft hat an ihrer Außenwand einen
Kasten mit einem 50-Meter-Wasserschlauch angebracht, um die
umliegenden Blumenbeete zu gießen.

Einwände   Dürfen wir das? (Die Stadt wird begeistert sein!)
und Fragen: Ist ein kleiner Zaun gut? (Eher nein!)
                 Holzpfähle, damit kein Auto drüberfährt? (Ja!)
                 Wo bekommen wir Blumen für ein größeres Beet?
                 (Bestimmt von der Stadtgärtnerei.)

Bald kippt die Stimmung. Sogar der betuliche Bürgerverein findet es
gut und übereicht den BlumenpatInnen kleine Dankessträuße. Das
Engagement vieler Einzelner vor ihrer Haustür erweist sich als nachhaltiger als der Weg, den derzeit viele Städte gehen: größere Flächen an
Kreuzungen u. Ä. an Gärtnereien und Blumengeschäfte zu vergeben,
die dort zugleich pflanzen und werben.

www.gruenewelle.org/links.html

Lass deinen Hinterhof erblühen!

Wenn man in städtische Hinterhöfe blickt, bekommt man in den meisten Fällen das gleiche erschreckende Bild zu Gesicht. Neben den üblichen drei Mülltonnen reihen sich verrostete Fahrräder und anderer ungenutzter Kram. Obwohl viele Hinterhöfe eine ruhige Lage haben und als Ort der Entspannung und als Treffpunkt wie gemacht zu sein scheinen, sind sie verwittert, dreckig und fast komplett pflanzenfrei.

Und obwohl die Pflege eines kleinen Gartens im Hof keinen unmöglichen Zeitaufwand erfordert, scheint keiner das Bedürfnis zu haben, sich diese Zeit zu nehmen.

Aber, ein wichtiger Tipp, wenn man anfängt! Man sollte von Anfang an wissen, dass die Pflege des bepflanzten Areals immer alleinige Aufgabe und Sorge des Initiators sein wird. Auch wenn der »kleine Garten« bei den restlichen Mietern positive Reaktionen hervorruft, sollte man keinesfalls auf die Hilfe der anderen hoffen. Wenn man dies als Voraussetzung akzeptiert, erspart man sich viele frustrierende Momente. Der Hof sollte in erster Linie Ihnen am Herzen liegen und Ihnen Freude bereiten.

> Man sollte keinesfalls auf die Hilfe der anderen hoffen.

Dass er bei schönem Wetter auch die Nachbarn aus ihren Wohnungen treibt, ist ein schöner und kommunikativer Nebeneffekt, jedoch nicht das erklärte Ziel. Denn wer weiß, ob Sie am Ende wirklich mit so manchen Ihrer Nachbarn im Hof sitzen wollen. Aber Sie werden ein angenehmes Gefühl verspüren, wenn Sie aus dem Fenster sehen und in Ihre grüne Oase schauen inmitten der Wüste aus Beton. Also ran an Schaufel und Saatgut – es gibt noch viel zu tun. Von wegen, hier wächst nichts ...

Ein Hinterhofverein, seit über 25 Jahren in Stuttgart:
www.hasenspielplatz.de

Broken Window Area

Die Amerikaner nennen ein Gebiet, das verkommt und verwahrlost, »broken window area«, eine Gegend mit zerbrochenen Fenstern. Im Deutschen gibt es keinen Fachbegriff, aber man kennt das: Wenn die Umgebung verwahrlost, steckt es die Menschen an. Und auch die ambitionierteren Wohnungsunternehmen wissen inzwischen, wie wichtig die »Sozialraumorientierung« ist. Vor allem für die Sozialstruktur. Von guter Nachbarschaft profitieren alle, deshalb ist es entscheidend, gemischte Quartiere zu erhalten. Segregation dagegen bedeutet: Bürger zu Bürgern, Transferbezieher zu Hartz-IV-Empfängern. Und hier verlieren Kinder in bildungsfernen Schichten dann doppelt: Die Eltern fördern sie nicht genug, und in der Nachbarschaft gibt es keine Rollenvorbilder für ihre Bildung.

... und Graffiti zieren die Wände.

Richard Sennett hat das schon 1974 beschreiben in »Verfall und Ende des öffentlichen Lebens – Die Tyrannei der Intimität«. Seine Grundthese: Der Kapitalismus achtet das Gemeinsame, die Daseinsvorsorge für alle als zu gering; Sennett beschreibt das am Verkommen öffentlicher Plätze und des gemeinsamen Guts. Man kennt das, auch wenn man selbst dort nicht lebt; Müll liegt herum, und Graffiti zieren die Wände, defekte Telefonzellen und demolierte Parkbänke, ramponierte Fahrradgerippe – das Resultat von Gleichgültigkeit.

Müll liegt herum ...

In einem Kölner Stadtteil, Höhenberg, befindet sich auf einer U-Bahn-Trasse eine ungefähr einen Kilometer lange Grünfläche – was man so Grünfläche nennt im Amtsdeutsch, eher ein schlecht gepflegter Mix von Bäumen, Sträuchern, Unkraut und Gestrüpp. Im Jahr 2008 gab es hier 27 Raubüberfälle, meist auf ältere Menschen. Im Jahr darauf waren es mit 24 fast genauso viele, aber dann 2009 nur noch neun. Das ist zwar immer noch zu viel, aber woher kommt der Rückgang auf nur noch ein Drittel? In einer gemeinsamen Anstrengung von Bürgerverein, Ehrenamtlichen, der Gemeinde und der Stadt wurde das gesamte Gebiet von einem Dickicht in einen Park verwandelt. Aus Konjunkturmitteln konnten Maschinen für Baumfällungen und grobe Arbeiten eingesetzt werden. Nun wächst der Rasen, flanieren die Menschen, freuen sich die Hunde, und an den Basketballkörben trainiert die Jugend.

Neues Lächeln

Orthopäde
Fußpflegerin
Frauenarzt

Die Idee hatte der Zahnarzt Martin Ahrberg aus Darmstadt, da er Menschen in sozialer Notlage kostenlos zu einem neuen Lächeln verhelfen wollte. Er sanierte die Gebisse von sieben Obdachlosen aus Darmstadt und konnte weitere Ärzte begeistern. Er gewann Mitstreiter seiner Idee und gründete mit drei weiteren Ärzten, zwei Anwälten, einer Dentallabor-Inhaberin, einer Fußpflegerin und anderen Engagierten Anfang 2005 den Verein: »Die Gesundheitsengel«. Seitdem behandeln einmal wöchentlich drei Mitglieder des Vereins (Orthopäde, Fußpflegerin und Frauenarzt) in der örtlichen Diakonie Obdachlose. Drei Zahnärzte sowie ein Dentallabor sanieren zusätzlich die Zähne von sozial schwachen Darmstädtern. Im Jahre 2006 war Martin Ahrberg einer der Preisträger des taz-Wettbewerbs »Panterpreis – Helden des Alltags«.

www.die-gesundheitsengel.de
Ärztliche Betreuung für Obdachlose in Berlin:
www.mut-gesundheit.de

Stadt-Lyrik
Lesezeichen Hildesheim

Hildesheim ist die kleinste Großstadt Niedersachsens. Dank Mariendom, Michaeliskirche und Knochenhaueramtshaus besitzt die Stadt Kulturdenkmäler von Rang. Die Aktion Lesezeichen verknüpfte 2009 Sehenswürdigkeiten und Plätze im öffentlichen Raum mit Gegenwartslyrik. 25 Wort-Installationen machten die Innenstadt zu einem Park für Poesie, der die Gedichte zeitgenössischer deutschsprachiger und internationaler Autoren dem Publikum buchstäblich näher brachte. Präsentiert wurden Werke von Rolf Dieter Brinkmann, Manfred Hausin, Reinhold Messner, Ingo Cesaro und von Preisträgern des Hildesheimer Lyrik-Wettbewerbs. Die Autoren stammen aus Moskau und Odessa, Italien und den Niederlanden, Ungarn, Österreich und Nigeria.

Die Symbiose von Text und Standort steigert die Wirkung.

Ob an der Andreaskirche, der Dombibliothek oder der Volkshochschule, am Kino oder neben dem Kaufhauseingang, im Hauptbahnhof oder an der Bushaltestelle, harren Gedichtobjekte ihrer Entzifferung. Sie regen zum Staunen an, dazu, innezuhalten und sich inspirieren zu lassen – vom ganz eigenen Seelenzustand des Ortes und der Energie des Gedichtes. An der Stadtbibliothek prangt »Was soll ich sagen«, im Hauptbahnhof ein Gedicht mit dem Titel »Reisegepäck«.

Die Symbiose von Text und Standort steigert die Wirkung, darauf setzt Jo Köhler, selbst Autor und Lesezeichen-Projektleiter: »Gedichte können trösten und besänftigen, aufrütteln und Mut machen. Worte, die einen berühren, bewegen sich immer haarscharf an der Grenze des Schweigens.« Ein Gedicht kann einen Tag retten, führt er weiter aus, »und wenn es gelingt, wird es zum durchscheinenden Licht, das lange Gefrorenes zum Schmelzen bringt«.

www.forum-literatur.de/projekte/lesezeichen/info.php

Was soll ich sagen

Mal bin ich ganz still
Wage nicht etwas zu sagen
Keine Traute

Dann wieder rede ich
Erzähl ganz viel – zu viel
Dünnschiss und Papperlapapp

Oder ich philosophiere
Und staune über mich selbst
Was ich zu sagen habe

Zu sagen hätte ...
Wenn ich mich traute
Aber ich trau mich ja nicht

Und dann wieder ärgere
Schäme ich mich in Grund
und Boden Feigheit Freiheit

Und wenn auch diese Phase
Vorbei und überstanden
Puh – bin ich froh

Dass ich nichts gesagt habe
Und schweige erleichtert
Bis zum nächsten Mal

Jo Köhler

Das schönste Obdachlosenheim

»Reichtum« ist der Titel eines Kunstprojekts von Miriam Kilali, das in krassem Gegensatz zu seinen Einsatzorten steht. 2005 verwandelt sie das Moskauer Hotel Marfino, ein heruntergekommenes Asyl für Wohnungslose, in eine schön gestaltete Herberge, die als »schönstes Obdachlosenheim der Welt« berühmt wurde. »Reichtum 2« entstand 2008 im Bezirk Treptow in Berlin, in einer Einrichtung für chronisch mehrfachgeschädigte, nicht abstinenzfähige Alkoholiker, die jahrelang auf der Straße gelebt haben.

»Das Leben ist ein Kunstwerk, und das Kunstwerk ist Leben.«

Rund 130.000 Euro hat Kilali für die Verschönerung des dreistöckigen Wohnheims »Haus Schöneweide« gesammelt und aus ihm ein Zuhause für rund 20 Bewohner geschaffen. Seine erlesene Schönheit und die prachtvolle Ausstattung mit Stuck und Goldzier, dicken Teppichen, roten Ledersofas und glitzern-

Wohnheim »Haus Schöneweide« Berlin

den Kristalllüstern lassen eher an ein Sterne-Hotel denken. Die hellen Einzelzimmer der Bewohner wurden nach deren Wünschen renoviert. Dieses Asyl strahlt nichts von der Trostlosigkeit herkömmlicher Verwahrstationen aus.

Luxus für die Armen? Das erinnert ein wenig an die Idee des Fluxus. »Das Leben ist ein Kunstwerk, und das Kunstwerk ist Leben«, sagte Emmett Williams, der zu den Vätern der Bewegung zählt. Auch für Miriam Kilali gehen ästhetische und soziale Wirkung Hand in Hand. Mit ihrem Einsatz will sie eine Atmosphäre voll Würde, Respekt und Lebensfreude schaffen. Korrespondierend zur feinen Lebensart und äußeren Pracht – so die Idee – werde in den Menschen Wohlgefühl und Verantwortungsbewusstsein gestärkt. »Reichtum« ist eine Einladung, neue Realitäten zu erschaffen, ein Impuls, die Welt so zu gestalten, dass alle Menschen verantwortungsvoll ihre Träume verwirklichen. Das ist Miriam Kilalis Vision.

www.miriamkilali.com

AN‍س

»Alle Menschen
sind gleich.
Nur die Gehälter
sind verschieden.«
(Brana Crnčević)

»Das Geld,
das man besitzt,
ist das Mittel zur
Freiheit; dasjenige,
dem man nachjagt,
das Mittel zur
Knechtschaft.«
(Jean-Jacques Rousseau)

GELD

»Gute Taten sind
das einzige langfristig
sichere Spekulations-
objekt. Sie verzinsen
sich immer.«
(Karl-Heinz Karius)

Gutes Geld

Wissen Sie eigentlich, wo Ihr Geld sich gerade herumtreibt? Nicht das Geld in der Hosentasche, sondern Ihr Erspartes bei der Bank. Die meisten wissen das nicht, und viele wollen es auch gar nicht wissen. Dabei haben die Deutschen viel Geld auf der hohen Kante liegen, zusammen mehr als vier Billionen Euro, und da sind die Häuser und Immobilien und die Lebensversicherungen noch nicht einmal dabei. Mit Ihrem Geld können Kredite für Schulen oder Krankenhäuser, aber auch für Rüstungsfirmen oder Atomtechnik finanziert werden. Sie wollen Zinsen haben und Ihre Ruhe, aber wie wäre es mit Zinsen und einem guten Gewissen?

Die Bochumer GLS Bank z. B.: eine Bank mit Konto und Schalter, mit Banksicherheit und Kreditkarte, mit allen Bank-Dienstleistungen, Geldanlagen, Krediten, Zahlungsverkehr und Versicherungen, das Übliche. Aber gleichzeitig eine Bank, die vor allem kulturelle, soziale und ökologische Initiativen unterstützt. Fast 50.000 Kunden hat diese älteste ethisch-ökologische Bank und finanziert mit deren Geld rund 4.000 zukunftsweisende Projekte. Das Besondere: Die Kunden der GLS Bank bestimmen mit, wohin die Kredite gehen. Sie können sagen, ob ihr Erspartes lieber in Umweltinitiativen oder Biobauernhöfe gesteckt werden soll, in Kindergärten oder Seniorenprojekte, in kulturelle oder soziale Arbeit. Und sie können festlegen, ob sie auf ihre Zinsen verzichten und diese direkt in die Projekte gesteckt werden oder ob sie eine besondere Anlage wählen, bei der sie nicht nur ihr Geld vermehren, sondern auch sicher sind, dass es in sozial- und umweltverträgliche Projekte geht. Also Zinsen und ein gutes Gewissen.

Der Bankenwechsel ist übrigens sehr einfach. Bei den meisten Banken findet sich auf der Homepage ein entsprechendes PDF-Formular.

www.gls.de
www.ethikbank.de
www.steyler-bank.de
www.triodos.de
www.umweltbank.de

Wie wäre es mit Zinsen und einem guten Gewissen?

Schlaues Geld
Kritische Aktionäre

Jeder Aktionär hat das Recht, bei der jährlichen Hauptversammlung seines Unternehmens aufzutauchen, eine Rede zu halten, den Vorstand zu loben oder zu kritisieren und seine Dividende einzusacken. Die wenigsten tun das und überlassen ihr Stimmrecht lieber ihrer Hausbank. Und die macht in aller Regel, was sie will. Nun gibt es seit Mitte der achtziger Jahre die »kritischen Aktionäre«, die bei RWE oder Bayer, bei der Deutschen Bank oder Daimler-Chrysler auftreten, die Konzerne kritisieren, Alternativen zur üblichen Gewinnverwendung vorschlagen, gerechte Arbeits- und Produktionsbedingungen und ein Mindestmaß an ökologischer Vernunft und ethischem Verhalten einfordern. Und das Schöne ist: Man kann als Aktionär diesen Kritikern sein Stimmrecht übertragen, die kritisieren dann für einen mit, ohne dass man anwesend ist. www.kritischeaktionaere.de

Jeder Aktionär hat das Recht ...

... Kritikern sein Stimmrecht zu übertragen.

Greenpeace Energy

Niemand liebt Atomkraftwerke, und alle wissen, dass Strom aus Wind, Wasser oder Sonne sauberer und besser für die Zukunft ist. Viele haben von Anbietern regenerativer Energien gehört, von Sonnen- und Windkraftwerken, und würden auch den Strom von dort beziehen, wenn eines in der Nähe, wenn die Lieferung nicht so unklar, die Ummeldung nicht so zeitraubend und die Formulare nicht so kompliziert wären. Aber – es gibt eine einfache Lösung: Greenpeace Energy.

Die Umweltaktivisten, bisher eher als Robbenschützer und Walbetreuer unterwegs, nehmen uns den ganzen Bürokratenkram ab. Sie haben eine Genossenschaft gegründet mit Sitz in Hamburg, die man mit der »Versorgung mit sauberem Strom« beauftragt. Ein einfaches Formular ausgefüllt und unterschrieben, und schon kündigen die Greenpeacer dem alten Lieferanten, egal wer das ist, geben alle Erklärungen für mich ab, schließen neue Nutzungsverträge und übernehmen komplett meine Stromversorgung. 7,85 Euro ist derzeit die monatliche Grundgebühr inklusive aller Steuern, Gebühren und der Zählerablesung, und 18,9 Cent kostet die Kilowattstunde. Sauberer Strom!

www.greenpeace-energy.de
www.ews-schoenau.de
www.lichtblick.de
www.naturstrom.de

In Zukunft investieren
Tierisch gute Geschenke

»Gib einem Hungernden einen Fisch, und er wird einmal satt, lehre ihn fischen, und er wird nie wieder hungern«, sagt Laotse.

Über 5.000 Esel hat die Bonnerin Stefanie Christmann mithilfe von Spenden bisher gekauft und über die dortige Frauen-Union an alleinerziehende und notleidende Frauen in Eritrea verschenkt. Ein Esel bedeutet für sie nicht nur eine Entlastung von der Schwerstarbeit des Wasserschleppens, sondern bietet auch eine zuverlässige Einkommensquelle. Die Frauen können für ihre Familie das Lebensnotwendigste erreichen: genug Wasser, Brennholz zum Kochen, drei Mahlzeiten am Tage, Schule für die Kinder. 2009 musste das Projekt wegen diverser Schwierigkeiten vor Ort eingestellt werden.

Brennholz zum Kochen, drei Mahlzeiten am Tage.

Die Arbeit konzentriert sich nun auf Nepal. Die Initiative verschenkt in erster Linie Esel für den Transport und Kühe zur Milchproduktion an alleinerziehende Mütter in abgelegenen ländlichen Regionen. 100 bis 150 Euro kostet eine Kuh, rund 200 Euro ein Esel, aber auch für andere Nutztiere wie Naks (500 Euro), Wasserbüffel, Esel und Reitpferde für Hebammen (zwischen 600 und 1.000 Euro) kann man spenden.

Spendenkonto: 10 657 575
Stadtsparkasse KölnBonn, BLZ 370501 98
www.esel-initiative.de

Ob Geburtstag, Hochzeit, Weihnachten oder Jubiläum: kreative und originelle Geschenkideen sind immer Mangelware. Im Geschenkeshop von Oxfam gibt es ausgefallene und witzige Überraschungen für Oma und Opa, Tante und Onkel, Freundin und Freund, Kunden und Kollegen. Ein Schaf für Äthiopien, die komplette Einrichtung eines Grundschulklassenzimmers in Simbabwe, Hühner, Setzlinge und Saatgut, ein Fahrrad für Aids-Pflegekräfte, eine Latrine für Somalia oder die Kostenübernahme einer sicheren Geburt in Malawi – Oxfam macht's möglich.
www.oxfamunverpackt.de

> Für Oma und Opa, Tante und Onkel, Freundin und Freund.

Gemeinsam Arbeitgeber sein

Was sich die meisten Menschen wünschen, wird immer seltener: eine geregelte, sozialversicherte Arbeitsstelle. Was indes immer mehr vorkommt, sind Jobs ohne irgendeine Versicherung, häufig Putzstellen, die schwarz bezahlt werden. Da wird folgendes Modell interessant: Mehrere Haushalte tun sich zusammen und stellen jemanden gemeinsam ein, zum Putzen, Einkaufen, für den Garten, für die Kinder oder für die Betreuung. Mit Lohnsteuerkarte, Sozialversicherung, Urlaubsgeld und allem Drum und Dran. Davon haben alle was, und die Kosten kann man neuerdings sogar von der Steuer absetzen.

> Davon haben alle was.

Lachendes Regal – transfair

Mal schnell in den Supermarkt, noch Kaffee holen! Die Menschen, die diesen Kaffee in sengender Hitze ernten mussten, können sich selbst selten eine Tasse Kaffee leisten. Irgendwie unfair, aber was will man machen? Sich das Gesicht der Leute vorstellen! Den ganzen Tag malocht und dann fünf Cent. Mundwinkel nach unten, hungrige Mäuler ringsum, Kindergeschrei, nicht schön. Doch wie man im Rheinland immer sagt: Am schönsten ist es doch, wenn es schön ist.

> »Am schönsten ist es doch, wenn es schön ist.«

Mittlerweile gibt es sie in fast jedem Supermarkt: Regale mit Produkten aus der Dritten Welt, die so gehandelt werden, wie es eigentlich für alle Waren selbstverständlich sein sollte: fair! Die Leute können von ihrer Arbeit leben. Nur, von diesen Regalen nehmen noch zu wenige. Dabei muss man sich bloß das Gesicht der Leute vorstellen. Wenn sie in das Regal hineingreifen, lachen auf der anderen Seite der Welt die Plantagenarbeiter. Man müsste das Lachen mit Lautsprechern in die Regale einbauen. Eine Art akustischer »Nickneger«, aber politisch korrekt. Oder sich das Lachen einfach nur vorstellen. Denn Verbraucher haben mehr Macht als Wähler. Der Supermarkt ist die tägliche Stimmkabine.

www.transfair.org
www.fair-feels-good.de

Bewohner sind Besitzer
Das Mietshäuser-Syndikat

Den Mietern gehören die Häuser, die Bewohner bestimmen, was passiert, sie legen ihre Mieten selbst fest, entscheiden über das Gemeineigentum an Haus und Grund, sie bieten bezahlbaren Wohnraum und schaffen zugleich Platz für Gruppen und Projekte – das klingt wie eine Utopie, eine Projektskizze für die Zukunft. Aber das gibt es schon. Mehr als 1.200 Menschen leben bislang in den rund 50 Häusern und Hausprojekten des »Mietshäuser Syndikats«, verstreut über die ganze Republik. Unterschiedliche Wohn-, Arbeits- und Lebensprojekte gehören dazu: Hausbesetzer im legalisierten Objekt, Kulturvereine mit öffentlichen Räumen, Wohnkollektive auf ehemaligem Fabrikgelände, und alle vereint im Syndikat.

Sie können zwar alles bestimmen, aber Eigentümer sind sie trotzdem nicht.

Entstanden ist es Anfang der 1990er-Jahre in Freiburg, und im Süden der Republik gibt es heute auch die meisten Hausprojekte, aber zunehmend auch im Norden und rund um Berlin in den ehemals neuen Ländern, erstaunlich wenige in NRW und Bayern. Anlass für die Syndikat-Idee ist ein Problem, das alle kollektiven Hausprojekte kennen: Wie verhindert man spätere Privatisierung oder Umwandlung in Einzeleigentum, wenn die Jahre vergehen und Begehrlichkeiten aufkommen, nachdem die gröbsten Schulden bezahlt sind? Davor schützt kein Vertrag und kein Grundbuch, und hier greift das Syndikat.

Die Betreiber von Wohnprojekten, egal welcher Größe, Lage und Ausrichtung, gründen einen Verein und dann ein Unternehmen in der Rechtsform einer GmbH, der das Haus zusammen mit dem Syndikat gehört und die von zwei Gesellschaftern gleichberechtigt geleitet wird. Der eine ist der Verein der Bewohner, die reguläre Mietverträge mit allen Rechten und Pflichten mit der GmbH abschließen. Sie können zwar alles bestimmen, aber Eigentümer sind sie trotzdem nicht. Der andere Gesellschafter ist das Syndikat. Der erste regelt alles, was die Bewohner interessiert und angeht, während der zweite nach Vertrag nur die Aufgabe hat, eine Privatisierung des Objekts zu verhindern. Die beiden Gesellschafter müssen sich einig sein. Mitglieder im Syndikat sind wiederum alle Häuser, Hausprojekte sowie interessierte Einzelpersonen.

Knapp 20 Jahre gibt es das Syndikat bisher, und man rechnet damit, dass bald die Schulden für die ersten Häuser abbezahlt sind und dann neuen Projekten mit einer Anschubfinanzierung geholfen werden kann. Ein Solidartransfer quer durch die Republik. Ein weiterer Sinn des Syndikats ist der Austausch von Erfahrung, Beratung und Know-how, sei es bei der Gründung der HäuserGmbH, bei Rechtsfragen oder Bankverhandlungen, bei der Vermittlung privater Kreditgeber etc., die ersten Projekte haben das ja alles schon durchexerziert. Zugleich erhalten sie frischen Wind durch neue Ideen, junge Menschen, andere Projekte und Themen.

Das Modell ist so einfach wie clever. Und es funktioniert von ganz kleinen Hausprojekten wie der »Lessingsstraße« in Köln mit fünf Personen auf 170 qm bis zu »Susi«, einer Freiburger Siedlungsinitiative auf früherem 15.000 qm großem Kasernengelände mit 260 Menschen. Und immer kommen neue Häuser hinzu, wohlgemerkt Miethäuser, die nur eine, aber wesentliche Gemeinsamkeit haben: Sie werden dem Immobilienmarkt entzogen.

www.syndikat.org/

Pfandflaschen extra

Wer kennt sie nicht, die Flaschensammler, eine Spezies in der Großstadt mit einer exorbitanten Ausbreitungsrate. Größere Menschenmengen oder Partys ziehen sie an, auch Bahnhöfe oder U-Bahn-Stationen. Bepackt mit diversen Tüten und vor allem einem Stock mit verschiedenen Gummikappen, mit dem sie die Pfandflaschen aus den Mülleimern oder Glascontainern fischen. Offenbar ein lukratives Geschäft – 100 Bierflaschen à acht Cent bringen ja stolze acht Euro, sodass die Stadt Köln eine Verordnung plante, die das Einsammeln der Flaschen verbieten sollte. Schließlich will die Domstadt am Rhein die schönste Kommune Deutschlands werden, obwohl sie fast die dreckigste ist.

Das war der öffentlich erörterte Plan, als plötzlich Aufkleber auf den Glascontainern erschienen, amtlich aussehend und mit städtischem Siegel versehen, die das Durchsuchen der Behälter verboten und deshalb alle Bürger aufforderten, ihre Pfandflaschen künftig »gut sichtbar NEBEN den oben genannten Abfallbehältnissen abzustellen«. Und obwohl unbekannt blieb, wer diese »Amtsschreiben« angebracht hatte, war der Effekt groß: Die Flaschen standen neben den Tonnen, meist nur für kurze Zeit – große Erleichterung für die Sammler.

Anmerkung der Redaktion: Diese Idee ist gut, aber nicht schön. In Innenstädten sieht man die leeren Flaschen überall, an Stromkästen, auf Fensterbänken, sie rollen in Bahnen hin und her und verunzieren U-Bahnhöfe und Straßenecken. So sehr den Flaschensammlern der Ertrag gegönnt sei, trägt das Leergut doch auch zur Vermüllung und Verwahrlosung des Straßenbilds bei.

feiern+

»Lernen und Genießen sind das Geheimnis eines erfüllten Lebens. Lernen ohne Genießen verhärmt, Genießen ohne Lernen verblödet.«
(Richard David Precht)

»Als vor dreißigtausend Jahren aus Versehen der Opa rücklings ins Lagerfeuer fiel, entdeckte die Menschheit den verführerischen Duft gegrillten Fleisches.«
(Dietmar Wischmeyer)

»In armen Ländern gibt es Millionen von Menschen, die außerhalb des Kreislaufs der Marktwirtschaft leben müssen. Täglich berichten die Zeitungen über die Plage der sogenannten Dritten Welt, eine deprimierende Kette von Hungersnot, Diktatur, Krieg und Krankheiten. Dabei darf man nicht übersehen, dass gleichzeitig mit diesem (meist importierten) Elend auch eine andere Wirklichkeit stattfindet: ein von vorkapitalistischen Traditionen unterstütztes, intensives soziales Leben. Dort wird die Arbeit des weißen Mannes verachtet, weil sie kein Ende kennt – im Gegensatz zum Beispiel zu jenen somalischen Handwerkern, deren Gewinne in einem jährlichen Fest verjuxt werden. Je niedriger das Bruttosozialprodukt, desto größer die Fähigkeit der Menschen zu feiern.«
(Manifest der glücklichen Arbeitslosen)

geni**essen**

Das Antoniusschwein

Es ist fast 1600 Jahre her, dass der Heilige Antonius als Einsiedler in der ägyptischen Wüste lebte. Obwohl nicht der Einzige – war es doch damals gerade »in« mit dem Wüstenleben –, gilt Antonius der Eremit als Vater des christlichen Mönchtums. Man kennt ihn von Bildern als alten – immerhin werden ihm 105 Lebensjahre nachgesagt –, bärtigen und mit Sackkleidern behängten Wüstenfreak, und meistens von ebenso teuflisch- wie lüsterlichen Dingen umgeben. Eremit oder nicht, seine Fantasien hatte er mitgenommen in die Wüste: fette Würste, volle Weinkrüge, leckerste Speisen, dazu schöne Knaben, rassige Frauen und was Mann als Mann alles so fantasiert. Weil das natürlich nicht immer darstellbar war, haben die frommen Maler diese berühmten »Versuchungen« des hl. Antonius später symbolisch dargestellt: als Schwein.

Fette Würste, volle Weinkrüge, leckerste Speisen,

Das Schwein wurde zum Tier der Sünde, zum unreinen Tier. Es war allerdings nicht nur nahrhaft und lecker, sondern auch leicht zu züchten. Mit dem dann sogenannten Antoniusschwein hatte es jedoch eine besondere Bewandtnis: So nannte man im Mittelalter nämlich eine halböffentliche Sau in einem Stall an der Kirche, die frei herumlaufen und alles fressen durfte, was ihr vor den Rüssel kam. Sie war für die Armen bestimmt und trug eine Glocke um den Hals, dass jeder hören konnte: Hier kommt die Sau der Caritas. Am Antoniustag wurde sie geschlachtet und das Fleisch an die Armen verteilt.

Schweine leben von Abfällen, wobei sie heute gar nicht mehr alles schaffen würden, was an Lebensmitteln übrig bleibt. Dafür gibt es landauf landab die Tafeln, die Lebensmittel mit Ablaufdatum einsammeln und an die Armen verteilen. Die modernen Schweine des Antonius!

Allerdings sind die Tafeln umstritten, obwohl sich hier gern und oft gerade bürgerliche Menschen engagieren, die Lebensmittel einsammeln, abholen, aussortieren, herumfahren, anbieten und austeilen, und das alles mit viel Engagement. Sie entlasten die Supermärkte von der Entsorgung abgelaufener Waren, heißt die Kritik; die Armen würden gedemütigt, und schließlich sei es Aufgabe des Staates, und das Grundgesetz garantiere doch ein menschenwürdiges Leben; schließlich sei es absurd, wenn schon die Sozialämter die Adressen der Lebensmitteltafeln auslegen, anstatt selbst etwas gegen den Hunger zu tun.

dazu
schöne
Knaben ...

Für die Tafeln spricht im Kern nur ein einziges Argument: Die Menschen, die hingehen, sagen unisono: »Bitte macht weiter.« Die Dinge, die sie hier erhalten, geben ihnen etwas Luft beim Budget.

Umso wichtiger ist es, die Tafeln weiterzuentwickeln zu einem integrierten Angebot von Beratung, Ausgabe und Begegnung. Kaffeeautomat und Kleiderkammer sind noch praktische Erweiterungen. Es ginge weiter mit der Anwesenheit eines Schuldnerberaters oder eines Bürokratieexperten, der z.B. bei den Anträgen für die Schulsachen der Hartz-IV-Kinder hilft. Noch besser, wenn die Lebensmittelausgabe zu einem Ort der Vermittlung von Lebenswissen wird: Kurse für gesundes Kochen, die Führung eines Haushaltsbuches, einen Garten anlegen oder Marmelade aus Fallobst kochen.

Das sind natürlich Techniken des bürgerlichen Lebens, aber sie zielen auf die Kernfrage, auf die Zugehörigkeit der Armen zur Gesellschaft. Tafeln wären dann nicht mehr Orte der Exklusion, des Ausschlusses. So wie das Antoniusschwein kein armes Schwein war, sondern sich von allem bedienen durfte. Es gehörte allen, solange es lebte, und wurde mit dem Ablaufdatum zur Nahrung für die Armen. Wahrhaft ein inklusives Schwein. www.tafel.de

Einfach, gesund, sozial
Kleine Kochschule Bruckhausen

Lanz, Lafer und Lichter kochen, Mälzer, Zacherl und Wiener kochen auch – für zahlungskräftige Kundschaft und für Fernsehzuschauer. Tom Waschat hingegen, der schon das niederländische Königshaus bekochte, betreibt seit 2008 seine »Kleine Kochschule«, in der jeder umsonst kochen lernen kann. Sie liegt in Duisburg-Bruckhausen, einem typischen Arbeiterviertel mit hohem Migrantenanteil und sozialen Problemen.

»Einfach – gesund – sozial«, das sind die Leitgedanken seines Projekts. »Im Fernsehen wird nur gezeigt, wie man Entenbrust filetiert und was Prominente so essen. Derweil gehen die Kinder unseres Landes teilweise ohne warme Mahlzeit ins Bett. Dies zieht sich durch alle Schichten, weil die Eltern schlichtweg nicht kochen können.«

In einer ehemaligen Metzgerei bringt er vor allem den Kindern aus dem Viertel das Kochen bei. Er selbst ist mit Sozialhilfe aufgewachsen und kennt daher ihre Nöte. Zu Thomas Waschat kommen viele Schlüsselkinder, deren Eltern tagsüber nicht zu Hause sind und die sich selbst versorgen müssen. Und es kommen Kinder, die sonst auf der Straße herumhängen würden. In der Kochschule werden sie versorgt und sind betreut. Doch auch Erwachsene können hier ihre Kochkenntnisse erweitern, allerdings gegen einen Obulus. Schließlich beherrscht Waschat die Gourmetküche und das Filettieren einer Entenbrust genauso wie die Fernsehköche. Aber am liebsten widmet er sich den Kindern aus der Nachbarschaft. Doch weil sich der Ruf seiner »Szeneküche« bereits über die Grenzen de Viertels hinaus verbreitet hat, unterrichtet »Pottkoch« Waschat auch ganze Schulklassen aus anderen Stadtteilen, wenn er angefragt wird.

www.tomwaschat.de

Sportverein anders

Manchmal stößt man auf Menschen, die im Rollstuhl durch die Stadt gefahren werden. Bisweilen treten sie in Rudeln auf, und jeder hat eine Decke über den Beinen. Vor allem Letzteres ist ein Indiz dafür, dass es sich nicht um Behinderte handelt, sondern um Studenten der Sozialpädagogik oder Teilnehmer eines Seminars, die sich in die Rolle von Behinderten hineinversetzen sollen. Das ist aber weder witzig noch wirklich sinnvoll. Wer tatsächlich Integration vorantreiben will, wendet sich zum Beispiel an einen Sportverein, der Behinderte und Nicht-Behinderte gemeinsam aufnimmt und die es inzwischen in fast allen größeren Städten gibt. Gerade Menschen, die sich für unsportlich halten, aber dringend Bewegung brauchen, finden hier verständnisvolle, aber ehrgeizige Mitstreiter. Die Frage, wer hier eigentlich behindert ist, bleibt dann noch zu klären.

www.info-behindertensport.de

Schlafplatztausch

Werde Mitglied im internationalen Schlafplatztausch. Biete Menschen die Möglichkeit, bei dir zu übernachten, und im Gegenzug ist die ganze Welt dein Zuhause. Mit Sicherheit ergeben sich daraus Bekanntschaften, vielleicht sogar längerfristige, und du lernst die Welt kennen. Die Chance auf einen Einblick in fremde Kulturen ist inklusive und eine Prise Abenteuer auch.

www.roomexchange.net
www.globalfreeloaders.com
www.deutsch.hospitalityclub.org

Zeitkonto

Man sieht sich

»... stelle mich an die längste Schlange hintendran.«

Bei Aldi, im Kaufhof oder bei der Post schaue ich mir die Schlangen vor den Kassen oder Schaltern ganz genau an und stelle mich dann an die längste Schlange, hintendran. Ganz langsam geht es vorwärts, ich bin nicht mehr eilig und gewinne dadurch Zeit, ein paar Minuten nur, aber Zeit, von der ich vorher noch gar nichts wusste. Ich schaue mich um, beobachte die Menschen, lasse einen Eiligen auch mal vor. Ich freue mich über die gewonnene Zeit und tanke Muße für diesen Tag.

»Fürstlich tafeln« hieß das Motto auf dem Düsseldorfer Fürstenplatz. Die Menschen rund um den Platz hatten Essen, Getränke und gute Laune eingepackt und sich abends und draußen getroffen und gemeinsam gegessen und gequatscht. Nachbarschaft geht auch durch den Magen, und nicht nur hier. Die Anwohner der Cimbernstraße machten das und die Leute rund um das Katharina-von-Bora-Haus oder die Leute in Garath: Essen und Trinken, Musik und Geschichten, ein Spiel und natürlich Geschirr, ein Tisch und ein Stuhl. Man sieht sich! Auf der Straße.

Bon Appétit
Gourmet à la Gutmensch

Nein, Kannibalismus ist hier nicht das Thema. Das Fleisch kann zwar durchaus vom Vertrauensmetzger stammen, doch auch Vegetarier wissen: Wer nicht in der Lage ist, seine Freunde zu bekochen, ist es nicht wert, Freunde zu haben. Allein die Arbeit in der Küche drängt uns die Frage auf: Brauchen wir wirklich Freunde?

Der Trick: Für die Freunde gilt der Satz gleichermaßen. Also warum kochen wir nicht zusammen? Jeder übernimmt einen Gang, und man trifft sich mit den Einkäufen. Zunächst wird der Wein geöffnet, dann schnibbelt und brutschelt man zu sechst oder acht rund um Herd und Tisch, und am Ende steht ein Menü bereit, das Tim Mälzer vor Neid blanchiert aussehen lässt. Dann überlegt man: Was hätte dieses Gourmet-Menü im Restaurant gekostet? Die Summe geht an Amnesty International oder Ärzte ohne Grenzen oder, oder, oder ...

Warum kochen wir nicht zusammen?

Aber bloß nicht zu viel Gutmensch! Das nächste Mal trifft man sich wieder im Restaurant und lässt sich bedienen! Man will doch auch nicht, dass der Wirt am Hungertuch nagt!

Zurück zur Kalebasse?

Die Römer haben die Wasserleitung erfunden. Zweifelsfrei zu bewundern am Pont du Gard in Südfrankreich oder beim Kegelausflug in die Eifel. Das Zeitalter der Kalebassen war damit vorbei. Wasserträger gehörten fortan in die Politik, zum Beispiel. Seit einigen Jahren ist ein schwerer Rückfall festzustellen. In Frankreich fing es an, trotz Pont du Gard! Wasser wird wieder in Kalebassen transportiert, mit schönen Namen wie Vittel oder Perrier; ja, es wird sogar – übers Wasser – bis nach Amerika gefahren. Ein Sinn ist schwer zu erkennen. Mittlerweile setzt die Wasserflaschenbranche 100 Milliarden Dollar jährlich um mit rund 3.000 verschiedenen Wassermarken, die meisten jedoch von nur vier Konzernen: Coca-Cola, Pepsi, Nestlé und Danone. Ökologisch ist es Horror: Flotten von Lkws mutieren zur stinkenden Wasserleitung.

> Ökologisch ist es Horror.

Plastikflaschen müssen vor Aldi nach langem Schlangestehen zerschreddert werden, das Pfand ist natürlich teurer als der Inhalt, die Reste werden dann wieder per Schiff nach China transportiert, zu Fasern verarbeitet und als synthetische Kleiderstoffe wieder in den marktwirtschaftlichen Kreislauf eingeführt. Eine Art Waren-Wiedergeburt? Ein Rückfall in die selbstverschuldete Unmündigkeit? Wahrscheinlich. Denn im Sinne praktischer Vernunft spricht alles für die Wasserleitung, und oft ist das Wasser daraus auch noch gesünder als das aus den Flaschen.

Vermutlich hat uns die Queen of Tablewater die Augen verdreht und den Verstand geraubt. Also alles ein reines Suchtphänomen. Darauf einen Kranenberger!

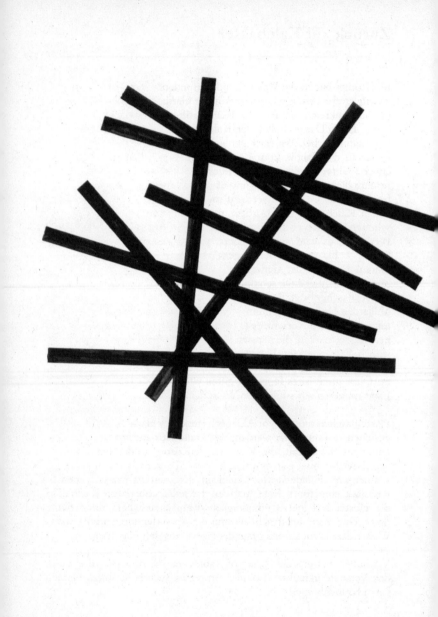

Vergesst Lena!
Keine Party ohne Livemusik

»Einladung zur Geburtstagsparty – für Essen und Trinken ist gesorgt«. Wer das liest, ahnt schon die drohende Ödnis. Man steht um ein Fässchen und plaudert mit dem Nudelsalat in der Hand, bis vom ersten Gast der unvermeidliche Satz kommt: »Hör mal, ich bin weg, ich muss morgen früh raus!« Es gibt einen einfachen Weg aus der fantasielosen Fetenfinsternis des christlichen Abendlandes. Machen Sie es wie andere Kulturen: Sorgen Sie für Livemusik. Zugegeben: In unserer hochtechnisierten Epoche assoziiert man sofort die Alleinunterhalter am Keyboard mit Rhythmuscomputer und gesampelten Grausamkeiten aus Schlagerwelt und Musikantenstadl.

Dabei gibt es nach wie vor Menschen, die ganz normale Instrumente so virtuos beherrschen, dass niemand elektronische Mätzchen vermisst. Die warten nur darauf, dass wir sie buchen. Und das kostet weniger, als man denkt. Ab 100 Euro pro Musiker holen Sie sich ein Stück Kultur in Haus & Hof, und selbst ungerade Geburtstage werden zum »Fest«! Ob Duo, Trio oder Quartett, ob Jazz, Swing oder Musettewalzer, Sie werden sich darüber wundern, dass plötzlich keiner Ihrer Gäste mehr »früh raus muss«. Und da Musik ein schwieriges Geschäft ist, tun Sie ganz nebenbei auch noch ein gutes Werk – wie der Rheinländer sagt: »Die Musiker am Kacken halten.«

Vielleicht entdecken Sie auch beim Einkauf in der Fußgängerzone Straßenmusiker, die Ihnen gefallen. Ein befreundeter Richter in Weimar sprach drei großartige russische Musiker vor dem Juweliergeschäft an und engagierte sie spontan für seine Geburtstagsfeier. Von der rasanten Party sprechen die Gäste heute noch, und die reisenden Russen waren hocherfreut ob des unverhofften Auftritts.

Kontaktadressen im Internet oder über die örtlichen Musikhochschulen und Musikzeitschriften.

Ü-80-Party
Kultur kommt auf Tour

Die Kleinkunst, früher für einen eher kleinen Kreis von Liebhabern auf engen Kabarettbühnen ein Genuss, startete hierzulande vor einigen Jahren zu einer Tour durch die Stadthallen der Republik, mutierte dann im Privatfernsehen zur Comedy und löste einen Boom aus, der auch vor Großarenen nicht haltmachte. In dessen Sog entstanden flächendeckend schillernde Veranstaltungsreihen in Stadt, Land und Vorstadt, die unabhängig vom offiziellen Kulturbetrieb und meist völlig subventionsfrei den kulturellen und satirischen Appetit der Abonnenten, Studenten und freilaufenden Bildungsbürger stillen.

Die Erklärung für diesen Erfolg außerhalb des Kuluretats ist einfach. Ein Mikrofon, etwas Licht, mehr braucht der Kabarettist nicht. Sei das Dorf auch noch so klein: Sobald es auch nur einen zupackenden Zeitgenossen gibt, der die Sache in die Hand nimmt, kann die Sache funktionieren. Auch in den Vorstädten brummt diese Kultur, denn die Leute kommen nicht nur wegen der Kleinkünstler. Das Wichtigste am Kabarett ist das Bier hinterher, und auch das fällt fußläufig im Viertel leichter als in der Innenstadt, wo der lange Heimweg noch vor einem liegt. So entstanden z.B. in Köln unter dem Namen »Kulturbeutel« jährliche Veranstaltungsreihen in den Schulaulen mehrerer Vororte. Die Rechnung ging auf, die meisten sind ausverkauft. Nun organisieren dieselben Leute auch Kultur im Altersheim. Hier ist das Leben oft eintönig und von Langeweile geprägt. Das Budget für Freizeit, Ausflüge und Feste ist meist mickrig. Es gibt auch nicht genügend Personal, um ein würdiges kulturelles Ambiente für die Heimbewohner zu schaffen. Auf der anderen Seite sind da viele »Kulturarbeiter«, die weniger gut von ihrer Arbeit leben können und sich mit anderen Jobs über Wasser halten. Das betrifft häufiger Musiker als Kabarettisten. Das Projekt »Kultur in Altenheimen« verbindet diese Bedürfnislagen, sodass für beide Seiten etwas Positives dabei herauskommt, eine Win-win-Situation, wie der Volkswirt sagt.

> Das Wichtigste am Kabarett ist das Bier hinterher.

Jürgen Becker erzählt:

Das Geld kommt von den erfolgreichen »Kulturbeutel«-Künstlern, die drei bis fünf Prozent ihrer Honorare in einen Fonds spenden, aus dem die Musiker, Kabarettisten und anderen Künstler bezahlt werden, die als Kleinsolisten in den Altersheimen auftreten. Angefangen hat die Musikerin Diana Eisermann mit einem Singkreis im Kölner Altenheim St. Bruno, der nun wöchentlich mit dreißig schwerstpflegebedürftigen Bewohnern stattfindet – ein echtes Highlight. Mittlerweile hat es für die Senioren den gleichen Stellenwert wie für die Urenkel ein Konzert von Tokio Hotel. Es folgten kölsche Lieder, ein französischer Chanson-Abend mit Wein und Käse und stützstrumpfkompatible Schlagerkonzerte.

Der nächste Papst ist wahrscheinlich jünger als Mick Jagger. Es wird nicht mehr lange dauern, bis aus den Altenheimen Rockmusik schallt. Die Jungen werden sich ständig über die laute Musik aus den Heimen beschweren. Und wenn es Livemusik ist, dann sind wir am Ziel.

»Sponsorenläufe kennt jeder. Firmen zahlen für jeden gelaufenen Kilometer einen Euro, und die gesammelte Summe wird dann einem guten Zweck zugeführt. Das Ganze gibt's jetzt auch unter Wasser. In Leverkusen habe ich an einem Sponsorenschwimmen teilgenommen. Einige Bahnen waren abgetrennt, und neben mir schwamm eine Frau, die keine Beine hatte. Sie war mehr als doppelt so schnell wie ich. Ich sagte: ›Das ist hier nichts für mich, ich wechsle lieber zu den Bahnen mit den dicken Kindern.‹ Da kam ich einigermaßen mit. Wie sich später herausstellte, war die schnelle Dame Paralympics-Siegerin.«

Die Linda gerettet!
Bürger für Kartoffeln

Fünf Jahre hat der Kampf um Linda gedauert, dann war sie gerettet. Ein Freundeskreis aus Landwirten, Verbrauchern und Genießern von Slow Food hatte sich so lange engagiert, um die beliebteste und – wie viele sagen – auch schmackhafteste Kartoffelsorte am Markt zu halten. Anfang 2005 wurde bekannt, dass der Zuchtkonzern Europlant die Marke Linda vom Markt nehmen wollte, um neue Sorten zu platzieren und dementsprechend Geschäfte zu machen. Nun war Linda aber längst die »Königin der Kartoffeln«, wie Liebhaber sie titulieren. Mit einem raffinierten Trick um Sortenschutzzeiten, Sortenlisten und Lizenzen wäre das dem Konzern auch fast gelungen, denn normalerweise endet der Schutz einer Sorte nach 30 Jahren, in der der Züchter – hier Europlant – Lizenzgebühren bekommt. Danach kann jeder sie nutzen, also anpflanzen und verkaufen. Doch kurz vor Auslauf der Schutzfrist nahm Europlant sie selber vom Markt und platzierte eine neue Sorte.

> Die Kartoffel steht auf Platz vier der wichtigsten Nahrungsmittel.

Aber Europlant hatte nicht mit dem Widerstand der Bauern und Kartoffelesser gerechnet, die Linda nicht in ihren Töpfen, Bratpfannen und auf ihren Tellern missen wollten. In einer Presseerklärung des Linda-Freundeskreises hieß es: »Wir haben das von der UNO ausgerufene internationale Jahr der Kartoffel, und der Weltagrarrat weist darauf hin, dass die biologische Vielfalt und die traditionellen Anbaumethoden in bäuerlichen Betrieben einer der wichtigsten Faktoren zur Welthungerbekämpfung sind. Die Kartoffel steht auf Platz vier

Linda ist gerettet!

der wichtigsten Grundnahrungsmittel mit ständig wachsender Bedeutung.« Die denkwürdige Koalition aus Landwirtschaft, Ernährung, Hungerhilfe, Geschmack und biologischer Vielfalt sprach immerhin so viele Interessen und Emotionen an, dass das Thema »Linda« bald über den reinen Expertenkreis hinaus bekannt wurde.

Kreative Proteste, juristische Auseinandersetzung, Lobbyarbeit, das öffentliche Bekenntnis von Prominenten von Veronika Ferres bis Alfred Biolek als Linda-Fans, Kunstaktionen, die Erklärung zur »Kartoffel des Jahres«, Ausstellungen und vieles mehr führten schließlich zur Entscheidung des Bundessortenamtes in Hannover, dass Linda wieder zugelassen und als Pflanzkartoffel gelistet wird.

Linda ist gerettet, und diesen Erfolg können sich ganz unterschiedliche Interessenten vom Bauer bis zum Gourmet auf die Fahne schreiben.
www.kartoffelvielfalt.de
»Liebe Linda«, Hommage an die beste Kartoffel der Welt, Karin Kramer Verlag, Berlin

Die rollende Dorfkneipe

Man hört das Wehklagen überall auf dem Land: Die Dorfkneipen sterben. Der Gesangsverein kann seine Kehlen nicht mehr gemeinsam ölen, der Sportverein verliert sein Domizil und die Dorfbewohner ihren Treffpunkt. Aber was hilft es: Wenn die Kneipe nur noch einmal die Woche voll ist, kann auch der genügsamste Wirt die Pacht nicht mehr bezahlen. Als die Dorfgeschäfte zumachten, übernahm der rollende Laden diese Lücke. Zweimal die Woche kommt der Bäckerwagen, freitags der Getränkelaster und Dienstag der Lebensmittelhändler.

Warum macht das eigentlich keiner mit der Kneipe? Ein langer, gemütlich umgebauter Bau- oder Zirkuswagen mit Theke, Skat- und Stammtisch, Pokalvitrine, Spielautomat und Jalousie für die Außengastronomie bereist die Dörfer. Da Zugmaschinen zwei Anhänger ziehen dürfen, hängt hinten noch ein kurzer Toilettenhänger dran, nennen wir ihn doch »Geschäftswagen«. In Absprache mit den Vereinen und abgestimmt auf die Bedürfnisse der Bürger, wird ein Tourplan über die Dörfer erstellt, und die Kneipe auf Rädern kehrt wie der Tante-Emma-Laden an verlässlichen Terminen mitten in den Ort zurück.

> Ein Volk, das seine Wirte
> nicht ernähren kann,
> hat es nicht verdient,
> »Nation« genannt zu werden.

Der Letzte macht das Licht aus ...

Zwei unschätzbare Vorteile hat das mobile Wirtshaus: Für Wirt und Wirtin bedeutet es unternehmerische Freiheit. Nur dort, wo der Umsatz stimmt, öffnet das »Lokal«. Ein Volk, das seine Wirte nicht ernähren kann, hat es nicht verdient, »Nation« genannt zu werden. Ein Dorf, das seinen Arsch nicht aus dem Fernsehsessel kriegt, ist kein Dorf. Und für die geselligen Kneipengäste gilt: Keiner verliert den Führerschein durch Alkohol am Steuer, niemand muss ein Taxi rufen. Sperrstunde heißt: Der Wirt schmeißt den Trecker an und fährt die letzten Gäste nach Hause.

Das ist künftig gemeint, wenn es heißt: »Letzte Runde!«

Zehn Dinge, die jeder tun kann. Sie sind zwar nicht neu und etwas aus der Mode gekommen, aber es schadet nicht, daran zu erinnern, wie uncool es auch klingen mag:

- Glühbirnen durch Energiesparbirnen ersetzen
- Warmwasser sparen
- Die Spülmaschine erst anmachen, wenn sie voll ist
- Wäsche auf der Leine trocknen lassen statt im Trockner
- Elektrogeräte, die gerade nicht benutzt werden, abschalten, am besten den Stecker rausziehen
- Möglichst wenig Auto fahren
- Nahrungsmittel aus der Region kaufen
- Produkte mit viel Verpackung boykottieren
- Weniger heizen und sich warm anziehen

Anmerkung der Redaktion: Über diese Vorschläge gab es eine rege Diskussion. Ist dieses Verhalten in unseren Breiten nicht längst selbstverständlich geworden? Denkste! Denn nicht einmal alle drei Autoren dieses Buches folgen diesen sinnvollen Anregungen. Dutzendweise werden Papierausdrucke gemacht, und beim Zähneputzen läuft munter das Wasser in den Ausguss. Was lernen wir daraus? Nicht der Bote ist wichtig, sondern die Botschaft.

Mut der Feigheit
»Da werfen sie ohne sich zu schämen
Die Flinte gleich ins Korn hinein.
Wo die Leute nur den Mut hernehmen,
So ungeheuer feige zu sein!«
(Paul Heyse)

KÄMP

»Aus bitterster Erfahrung zog ich diese eine und höchste Lehre: Man muss den Zorn in sich aufstauen, und so wie gestaute Wärme in Energie umgesetzt werden kann, so kann unser gestauter Zorn in eine Kraft umgesetzt werden, die die Welt zu bewegen vermag.«
(Mahatma Gandhi)

»Die meisten Kämpfer und Siegertypen kommen aus hungrigen Bevölkerungsschichten, nicht aus den satten.«
(Armin Hary, Leichtathlet)

Katzenmusik und Ostermann-Folter

Irgendwann Mitte der 1980er-Jahre, als sich Chemieunfälle häuften und der Skandal um die Dünnsäureverklappung der Fa. Bayer die Öffentlichkeit erregte, zog eines Abends die Mannschaft der Kölner Stunksitzung nach ihrem Auftritt vor die Villa eines der Vorstände der Bayer AG und brachten diesem ein Ständchen, ohne Auftrag und überraschend, mit dem Lied von Willy Ostermann »Wenn das Wasser im Rhein gold'ner Wein wär' ...«. Sie schmetterten den bekannten Rheinlandschlager laut, heftig, immer wieder von vorn und begleiteten ihren Gesang mit diversen Lärminstrumenten so lange, bis die Polizei kam. Dieses Happening erhielt den modernen Arbeitstitel »Ostermann-Folter«, griff aber auf eine uralte und vor allem auf dem Land geübte Tradition zurück, die »Katzenmusik«.

Musik kommt ja gewöhnlich eine regelnde Kraft zu, bestimmte Formen des Gesangs und Instrumente, ihr Zusammenklang und die Harmonie haben eine aufbauende Wirkung für das Zusammenleben der Menschen. Bei der Katzenmusik ist es umgekehrt. Wenn sich wütende Bauern vor dem Rathaus oder protestierende Arbeiter vor der Fabrikantenvilla versammeln, dazu Trommeln und Pfeifen, Tierhörner, Glocken oder Schellen, Dreschflegel, Blecheimer und Topfdeckel mitbringen –

Trommeln und Pfeifen, Tierhörner, Glocken oder Schellen, Dreschflegel, Blecheimer und Topfdeckel.

das nur als kleine Auswahl – und damit ihren Gesang untermalen, kann man sich schon vorstellen, dass diese Art Musik weniger eine aufbauende als herabziehende Wirkung hat.

Katzenmusik ist lärmende Kritik, sie will Missstände anprangern, Normbrüche öffentlich machen, sie will ungerechte Zustände kritisieren und den Verantwortlichen dafür anprangern. Die Kulturhistoriker sprechen hier von »rügegerichtlicher Funktion«.

Ein anderer Fachbegriff dafür ist »Charivari«, eine lautmalerische Bezeichnung für diese musikalische Gattung oder eben Katzenmusik, weil sie an das unmelodische Geschrei rolliger Katzen erinnern. Manche allerdings behaupten, es gehe auf das »Katzenklavier« des Landgrafen Karl von Hessen zurück, der Anfang des 18. Jahrhunderts regierte. In einen Kasten mit 14 Abteilen wurden 14 Katzen verschiedenen Alters so eingesperrt, dass die Schwänze herausschauten. Auf diesem »Klavier« gab es 14 Tasten, die jeweils einer Katze in den Schwanz stach, wenn man sie anschlug. Wer immer eine »Melodie« spielte, evozierte natürlich ein schreckliches Geschrei der Katzen.

Das »Katzenklavier« geriet glücklicherweise wieder in Vergessenheit – im Unterschied zur »Katzenmusik« die überall da gespielt werden kann, wo es genügend Blecheimer und Topfdeckel gibt.

Business Dresscode aus der Kleiderkammer

Die Idee entstand aus einem traurigen und einem schönen Anlass. In einem armen Viertel wurde deutlich, wie schwer es vielen fällt, bei Beerdigungen schwarze Trauerkleidung zu kaufen. Und wie teuer für die Familien die Anschaffung eines Erstkommunion-Kleides oder -Anzugs ist. So sammelt die örtliche Kleiderkammer in einer Spezialabteilung schwarze Mäntel, Anzüge und Kleider und hat nach und nach ein Lager von gut hundert Erstkommunion-Bekleidungsstücken aufgebaut.

Inzwischen kommen auch Menschen von außerhalb und bedienen sich. Arbeitskleidung war die nächste Idee. Wer einen Job bekommt, muss heute oft Sicherheitsschuhe, Kittel oder Latzhose selbst stellen. Viele Rentner horten oft noch neue Sachen, seltsamerweise sehr oft Arbeitsschuhe, und geben sie gerne ab. Feine Sachen gibt es für das Vorstellungsgespräch, und die suchen viele Jugendliche. Manche haben weder Anzug noch Blazer oder ein seriöses, vornehmes Kleid. Eine Typberatung rundet diese Abteilung ab.

Feine Sachen gibt es für das Vorstellungsgespräch.

Anders kontern

Als Harald Schmidt am Kölner HBF in ein Taxi stieg, drehte sich der Fahrer nach ihm um: »Sind Sie dat? Dann muss isch Ihnen jetzt mal wat sagen. Sie sind für mich dat arroganteste Arschloch, das ich je im Fernsehen gesehen hab. Ich find dat janz furchtbar, wat Sie machen!«

»Fahren Sie sofort rechts ran! Geben Sie mir die Telefonnummer Ihres Chefs. Ich möchte sofort aussteigen!« So oder so ähnlich hätten wohl die meisten auf den dreisten Kölner reagiert.

Schmidt aber überlegte kurz: Der hat jetzt seinen ganzen Mut zusammengefasst und sogar seinen Job riskiert, um das bei mir loszuwerden. Also entgegnete er, so offen hätte das ihm gegenüber noch niemand geäußert, bat um die Visitenkarte des Fahrers und sagte zu, fortan immer mit ihm zu fahren.

Privatasyl

Im Sommer 2005 sollte die damals 17 Jahre alte Frankfurter Schülerin Aferdite Hasanaj in den Kosovo abgeschoben werden. Sechs Wochen vor ihrem Realschulabschluss und ohne Chance auf Rückkehr. Die Eltern eines Mitschülers nahmen das Mädchen spontan in ihre Familie auf, um sie zunächst einmal vor dem Zugriff der Behörden zu schützen. Die junge Albanerin lebt seit 1992, d.h. seit ihrem vierten Lebensjahr, in Deutschland, immer in dem unsicheren Status einer Kettenduldung. Sie war trotzdem eine gute und immer engagierte Schülerin der Haupt- wie der Gesamtschule und besuchte inzwischen, Ende 2006, die gymnasiale Oberstufe. Aferdite Hasanaj war mehrfach Klassen-

Diese Republik will sie nicht.

Es ist billig und recht

sprecherin, ist engagiert im Stadtschülerrat, hat die besten Leistungen und trotzdem: Diese Republik will sie nicht. Aber eben nicht die ganze Republik.

Die Frankfurter Familie, die Mitschüler, die mobilisierte Öffentlichkeit fragten: Was hat dieser Staat gegen eine 18-Jährige, die perfekt die Sprache beherrscht, die engagiert und integriert ist und dank der Kostenübernahme der Gastfamilie den Staat nichts kostet, also alles erfüllt, was immer verlangt wird in den Sonntagsreden? Warum soll sie fort?

Dass sie nicht fort ist (jedenfalls bis Redaktionsschluss dieses Buches), liegt allein am Engagement der Familie von Chris und Bernhard Jahn-Mühl, die privates Asyl gewährten, wo die Behörden versagten, und mit ihrer Eigeninitiative die Abschiebung zunächst verzögert, wenn nicht am Ende ganz verhindert haben.

Epikie ist ein Grundbegriff der aristotelischen Ethik. Im sechsten Buch der nikomachischen Ethik erklärt Aristoteles, dass man manchmal etwas Verbotenes tun muss, um dem Sinn des Gesetzes zu entsprechen. Wahrscheinlich denken die meisten nun an den Tyrannenmord. Der kommt aber nicht so oft infrage. Daher hier ein aktuelles Beispiel.

In einer deutschen Stadt klebt eine ziemlich rechte Partei vor der Kommunalwahl Plakate mit der Aufschrift »NEIN zur Groß-Moschee!«. Geschickterweise hängen die Plakate oft direkt vor den christlichen Kirchen. Einige muslimische Frauen kommen zum Pfarrer und sagen: »Ist das die Meinung deiner Gemeinde? Viele denken so!«

Was muss nun der Pfarrer tun? Um den Frieden im Viertel zu wahren, hängt er die Plakate ab. Die taz berichtet darüber, der Pfarrer wird angezeigt, denn es handelt sich ja um Diebstahl. Der Staatsschutz verhört ihn, er bezahlt 500 Euro und sichert zu, dass er dies nicht mehr tun will.

Trotzdem war es recht und billig, was er gemacht hat. Epikie!

Unter & Gunther

In Paris existiert seit den 1970er-Jahren eine Untergrundorganisation namens »les UX«, die sich mit der Realität der »broken windows« nicht abfindet. Die populärste Gruppe von UX sind die »Untergunther«, die es sich zur Aufgabe gemacht haben, in geheimen, zumeist nächtlichen Aktionen versteckt Ecken von Paris wiederzubeleben und verwahrloste Kulturgüter zu reparieren, um die sich Politik und Verwaltung nicht kümmern. Die Idee stammt aus Großbritannien und der Name UX geht auch auf das englische »urban experiment« zurück. Der Name »Untergunther« dagegen ist der Tatsache zu verdanken, dass man mit Hundegebell die Passanten von den nächtlichen Tätigkeiten fernhalten will, und so spielt während der Aktion eine CD mit dem Gebell von zwei Schäferhunden ab. Man suchte für sie typisch deutsche Namen, entschied sich für Gunther und Unter (für Untergrund) und machte daraus »Untergunther«.

> Verwahrloste Kulturgüter reparieren.

Der größte Coup war die heimliche Reparatur der Uhr auf dem Pantheon aus dem Jahre 1850, dem berühmten Wahrzeichen von Paris, die schon 40 Jahre lang stillstand und für die sich die Verwaltung schon lange nicht mehr interessierte.

Für Tote schuften

Experten schätzen, dass rund die Hälfte aller Grabsteine, die in Deutschland verarbeitet werden, aus Indien kommen. Andere Experten wissen, dass diese Steine aus Sandstein- oder Marmorsteinbrüchen stammen, in denen häufig Kinder unter 14 Jahren arbeiten müssen. Ausbeutung von Kindern, häufig Sklavenarbeit, Abhängigkeit durch fiktive Schulden, gewaltsame Verschleppungen in die Steinbrüche, alles das sind gravierende Menschenrechtsverletzungen, die man den Grabsteinen nicht ansieht. Eine Folge der Globalisierung: Billigimporte zu Dumpingpreisen.

Aber am Ende hat der Kunde die Entscheidung, und sei es der tote Endverbraucher bzw. dessen Erben und Angehörige. Benjamin Pütter, der Kinderarbeitsexperte von Misereor, hat diesen Skandal vor Ort untersucht und recherchiert und eine Alternative entwickelt: ein zertifiziertes Siegel für Steine aus Indien, die garantiert ohne Kinder- und Sklavenarbeit hergestellt sind. Die Steine sind nur zwei Prozent teurer, aber die Organisation arbeitet mit indischen Steinexporteuren zusammen und kümmert sich mit Initiativen vor Ort auch um die finanzielle Unterstützung und das Wohl der von der Sklavenarbeit befreiten Kinder.
www.xertifix.de

Norbert Blüm sagt:

»Arbeitslosigkeit hat gesellschaftliche Gründe. Sie ist nicht Folge wirtschaftlicher oder gar technischer Sachzwänge. Wie könnte es sonst sein, dass gleichzeitig die Arbeitslosigkeit von Erwachsenen und die Kinderarbeit zunimmt? In den gleichen Regionen, in denen 250 Millionen Kinder schuften, ist eine Milliarde Menschen ganz oder teilweise ohne Arbeit. Kinderarbeit entspringt also nicht einem Mangel an erwachsenen Arbeitskräften, sondern ausbeuterischen Verhältnissen. Kinder schuften in den Steinbrüchen Indiens, werden in den Teppichhöhlen Marokkos ausgequetscht oder als Tragesel in den Markthallen Bogotas missbraucht, Kinder malochen in den Ziegeleien Perus.

All das habe ich nicht irgendwo gelesen, ich habe es selbst gesehen. Und an keiner Stelle sah ich einen Hoffnungsschimmer, der das Ende solcher Ausbeutung ankündigte. Man muss diese Schinderei gesehen, gerochen, gefühlt haben, um ihre Härte und Aussichtslosigkeit zu ermessen. Wahrscheinlich kommt man auch erst dadurch an den Punkt, an dem man sich lieber eine Hand abhacken ließe, als mit ihr ein Produkt zu kaufen, hinter dem man Kinderarbeit vermutet.«

Gegen Privatisierung

Die GAG ist ein gemeinnütziges Wohnungsunternehmen in Köln mit fast 42.000 Wohnungen. Aber sie ist vor Ort kein anonymer Vermieter – die GAG ist da engagiert, wo es Defizite gibt, wo z. B. viele Arbeitslose und Sozialhilfeempfänger leben, sie organisiert Fußballturniere, baut Bolzplätze, beschäftigt Anti-Gewalt-Trainer oder sponsert Streetworker. Die GAG bietet Jugendlichen ohne gradlinig geschliffenen Lebenslauf Praktikumsplätze als Hausmeister-Assistent an, und wer sich engagiert und geschickt anstellt, erhält eine Festanstellung.

Die GAG wurde 1913 von engagierten Bürgern, u. a. von dem reichen, aber mildtätigen Bankier Ernst Cassel, gegründet. Heute ist sie eine städtische Beteiligungsgesellschaft und hat den satzungsgemäßen Auftrag, breite Bevölkerungsschichten mit preiswertem Wohnraum zu versorgen.

Immer mehr Großstädte verkaufen ihre Wohnungsbaugesellschaften an private Investoren, oft aus den USA. Die Folge ist meist, dass die Mieten steigen, Wohnungen verkauft werden und dass der Gestaltungsspielraum der Kommunen enger wird. In Köln konnte die Privatisierung der GAG wie durch ein Wunder verhindert werden. Zwei Jahre öffentlicher Streit, Debatten und Demonstrationen, Druck durch Bürger, Kirchen und Gewerkschaften haben dazu geführt, dass einige Politiker buchstäblich in letzter Sekunde umgeschwenkt sind und im Stadtrat ihre Zustimmung verweigert haben. Es hat sich gelohnt.

Ruhe unbekannt:
Obdachlosengräber

Wenn Obdachlose in Deutschland sterben, erhalten sie eine ordnungsbehördliche Bestattung. Das Ordnungsamt wählt nach alphabetischer Reihenfolge einen Bestatter aus und bestellt die Einäscherung ohne Trauerfeier und Bestattung in einem anonymem Massengrab. Das ist preisgünstig und üblich.

In Köln ist es aber einigen Leuten zu billig, dass diese Menschen von der Platte selbst im Tode noch namenlos sind und bleiben. Sie haben eine »Interessengemeinschaft Bestattung obdachloser Menschen« gegründet, damit Menschen, die schon im Leben kaum Spuren hinterlassen haben, wenigstens im Tode nicht spurlos von der Erde verschwinden. Sie haben auf dem Südfriedhof ein wenig versteckt hinter hohen Bäumen ein Gräberfeld für Obdachlose eingerichtet. Ausschließlich aus Spendengeldern organisieren sie eine würdevolle Beerdigung, begleiten die Trauerfeier und sorgen für einen namentlich gekennzeichneten Grabstein.

Nicht spurlos von der Erde verschwinden.

Spendenkonto
»Obdachlosengrab«:
Konto 14754040,
Pax Bank Köln,
BLZ 37060193

Legal für Illegal

Der Malteser Hilfsdienst, eine
eher konservative Hilfsorganisa-
tion, organisiert in vier deutschen
Großstädten, Berlin, Frankfurt,
München und Köln, Migranten-
Medizin für Menschen ohne
Krankenversicherung, darunter
viele Illegale, »Menschen ohne Pa-
piere«. Für Köln etwa schätzt man
rund 25.000 Menschen ohne lega-
len Aufenthaltsstatus. Hier öffnet
ein Chefarzt für Innere Medizin,
jetzt im Ruhestand, zusammen mit
zwei Ärztinnen und einer Kranken-
schwester einmal wöchentlich die
Notfallpraxis auf einem Kranken-
hausgelände. Manchen kann sofort
geholfen, andere müssen zu Spezi-
alisten vermittelt werden. Hierfür
existiert ein Netzwerk von fünf
Kliniken und rund 40 Fachärzten.
Alles geschieht ehrenamtlich, aber
professionell; nur für Sachkosten,
z. B. bei Operationen, werden Spenden gesammelt.

Näheres zur Malteser Migranten
Medizin (MMM) unter dem Stich-
wort »Soziales Ehrenamt« unter
»Dienste und Leistungen« bei:

www.malteser-koeln.de

Medizin für
Menschen ohne
Krankenversicherung.

Mal ordentlich jemanden zusammenscheißen

Wie tritt man Neonazis intelligent entgegen? »Einfach ignorieren«, sagen die einen. »Steine werfen«, meinen die andern. Einen dritten Weg zeigt die bunt kostümierte »Front Deutscher Äpfel«. Sie setzt auf Parodie: »Was gibt der deutschen Jugend Kraft? Apfelsaft!«

Seit Herbst 2004 ist die Apfelfront auf Gegenveranstaltungen zu rechtsradikalen Demonstrationen präsent. Der 1. Mai und der 3. Oktober sind feste Termine im Kalender. Gegründet wurde die Gruppe nach dem Einzug der NPD in den sächsischen Landtag. Der NPD-Fraktionsvorsitzende Holger Apfel ist unfreiwilliger Namensgeber der Apfelfront – auch wenn das nicht die offizielle Version ist.

Es gehe ihnen um die Reinheit deutschen Obstgutes, darauf bestehen die Apfelfrontler: »Südfrüchte raus!« Sie nennen sich »Nationale Initiative gegen die Überfremdung des deutschen Obstbestandes und gegen faul herumlungerndes Fallobst«. In Erklärungen, bei öffentlichen Auftritten und auf ihrer Website benutzen sie wie die Rechtsextremen ausschließlich deutsche Begriffe und ahmen absichtlich das öffentliche Erscheinungsbild neonazistischer Organisationen nach. Dabei wird die Homepage zur »Heimseite«, die Website zur »Weltnetzseite« und das Diskussionsforum zum »Brett«.

Während Neonazis in den Straßen ihre Parolen skandieren, machen die öffentlichen Auftritte der FDÄ, Front Deutscher Äpfel, deren Ziele derart lächerlich, dass selbst die Polizisten lachen müssen. www.apfelfront.de/flieger.pdf

Wer hier nicht dabei sein kann, findet vielleicht beim nächsten Einkauf eine Möglichkeit. Nehmen wir

»Was gibt der
deutschen
Jugend Kraft?
Apfelsaft.«

Lassen Sie den
Knallkopf
nicht zu Wort
kommen.

zum Beispiel einen
Kiosk, der die NPD-
nahe »National-Zeitung«
verkauft, das Zentralorgan der
braunen Brandbeschleuniger. Man
entdeckt es immer öfter. Jetzt verlassen
wir mal den Weg des politischen Dialogs
und üben den gepflegten Wutanfall. Schnauzen Sie lauthals und für alle Passanten hörbar in das Büdchen, was das denn für ein Sauladen wäre, was für eine nationalsozialistische Drecksbude, ob er auch den »Stürmer« hätte oder womöglich Zyklon B unter dem Ladentisch, eine Schande für das Land der Dichter und Denker, den braunen Pöbel mit Propaganda heranzuzüchten, wenn das der Führer wüsste usw.

Lassen Sie den Knallkopf hinter dem Tresen nicht zu Wort kommen. Und sollte er dann noch so etwas wie Pressefreiheit dazwischenfaseln, dann beenden Sie Ihren Wutanfall: Diese Kameraden wollen die Pressefreiheit doch abschaffen, und dann könne er seine Bude mangels Angebot zumachen. »Nur die allerdümmsten Kälber wählen ihren Metzger selber!« Dann nehmen Sie das Pamphlet aus dem Ständer, pfeffern es dem Deppen um die Ohren und verschwinden so schnell, wie Sie gekommen sind. Erzählen Sie Freunden davon, und fragen Sie, ob die das am nächsten Tag auch mal probieren wollen. Zugegeben, anfangs kostet es Überwindung, doch beim zweiten und dritten Mal klappt das schon besser und macht sogar richtig Spaß.

Noch besser funktioniert das Ganze, sollten Sie die rechtsradikale Postille im Supermarkt entdecken. Türmen Sie einen Einkaufswagen, so voll es geht, und achten Sie darauf, dass teure Produkte wie Champagner oben liegen. Nun halten Sie an der Kasse das Blatt der Kassiererin vor die Nase, und verlangen Sie den Geschäftsführer! Und dann machen Sie diesem unmissverständlich klar, dass Sie in seinem Laden nichts mehr kaufen, solange dieses Blatt angeboten wird. Lassen Sie den vollen Einkaufswagen stehen, und gehen Sie. Die optische Demonstration des Umsatzverlustes wirkt Wunder. Spätestens beim dritten Mal ist das Blatt aus dem Sortiment.

»Es ist schön, ein hungerndes Kind zu sättigen, ihm die Tränen zu trocknen, ihm die Nase zu putzen, es ist schön, einen Kranken zu heilen. Ein Bereich der Ästhetik, den wir noch nicht entdeckt haben, ist die Schönheit des Rechts. Über die Schönheit der Künste, eines Menschen, der Natur können wir uns halbwegs einigen. Aber – Recht und Gerechtigkeit sind auch schön, wenn sie vollzogen werden.«
(Heinrich Böll)

»Wer es macht, hat die Macht.«
(Franz Meurer)

»Immer schieben die Leute die Schuld für das, was sie sind, auf die Verhältnisse. Ich glaube nicht an Verhältnisse. Leute die vorwärtskommen in dieser Welt, das sind Leute, die aufbrechen, die suchen nach den Verhältnissen, die sie brauchen, und wenn sie die nicht finden, dann schaffen sie sie.«
(G. B. Shaw)

MACHEN
ACHENM
CHENMA
HENMAC
ENMACH
NMACHE
MACHEN

Holz für alle
Ein Dorf macht sich selbstständig

Lieberhausen, ein Dorf im Oberbergischen, gehört zur Gemeinde Gummersbach; knapp 400 Einwohner in 103 Häusern, eine evangelische Kirche – berühmt als »bunte Kerk« wegen ihrer farbprächtigen Fresken –, Kindergarten, ein gut geführtes Gasthaus mit Fremdenzimmern und das Feuerwehrhaus. Ein normales Dorf, aber mit einer Attraktion, die zahlreiche Besuchergruppen und neugierige Nachbarn anzieht: das »Holzhackschnitzelheizkraftwerk« – eine Einrichtung mit Zungenbrecherqualität! Auch das wäre nichts Besonderes, wenn sich die Lieberhausener das nicht selber gebaut hätten und gemeinsam als Genossenschaft betreiben.

Ohne Staat oder Konzern im Rücken.

Ohne Staat oder Konzern im Rücken. Das Dorf ist energetisch autark!

Angefangen hat Ende der 1990er-Jahre Förster Bernd Rosenbauer mit der Idee, die Unmengen von Holz, die rundherum anfallen, in einem eigenen Kraftwerk zu verwerten und per Fernwärme in die einzelnen Haushalte zu schicken, die nach und nach ihre Öl- oder Gasheizungen abschalten konnten. Anfangs war es Überzeugungsarbeit, vor allem die Gründung einer eigenen Genossenschaft, dazu komplizierte rechtliche, bauliche, technische Probleme, aber inzwischen sind fast alle in Lieberhausen dabei. Das Heizkraftwerk wird zu 80 Prozent mit Waldhackschnitzeln befeuert, der Rest kommt aus Sägewerken oder der Holz verarbeitenden Industrie. Im Gegensatz zu Öl, Gas oder Kohle ist Holz ein nachwachsender Rohstoff mit ausgeglichener CO_2-Bilanz. Das war schon mal ein gutes Argument, auf die von der RWE angebotenen Gasleitungen zu verzichten. Lieberhausen ist energiepolitisch ganz vorn, und so ist es kein Zufall, dass die Ortschaft die Silbermedaille im Bundeswettbewerb »Unser Dorf hat Zukunft« errang und heute den Titel »Bioenergiedorf« führt.

Natürlich war bei der Werbung für das eigene Kraftwerk und für die Überzeugungsarbeit von Bernd Rosenbauer, der heute Chef der Genossenschaft und ihr Motor ist, der finanzielle Aspekt wichtig. Heute spart jeder Haushalt im Dorf um die 700 Euro jährlich an Heizkosten. Die Gemeinde Gummersbach wiederum ist glücklich, dass die »Energiegenossenschaft Lieberhausen« (EGL) profitabel wirtschaftet und inzwischen sogar Gewerbesteuer zahlt. Dazu kommen als weiteres Argument mehr als ein Dutzend Mini- und zwei volle Arbeitsplätze im Heizkraftwerk und bei der Genossenschaft.

Das Allerwichtigste aber ist vielleicht die Erfahrung von Gemeinschaft, die Kooperation der Lieberhausener, die Bewältigung schwieriger Probleme und auch das Interesse im Lande, das die Genossenschaft weckt. Denn immerhin hat Lieberhausen, obwohl schon längst keine eigene Gemeinde mehr, wieder eine Art »Gemeindesaal«, den Versammlungsraum der EGL, mit Tafeln, Bildern und Erklärungen, in den die Besucher geführt werden und wo sich die Genossenschaftler – hier ist es immer warm – direkt über dem Ofen des Holzhackschnitzelheizkraftwerks treffen.

www.egl-lieberhausen.de

Nähen verbindet – Vielfalt gewinnt
Der Nähsalon in Wiesbaden

Angefangen hatte es 2009 mit einem Stadtteilprojekt in Wiesbaden-Bieberich. Ein Nähsalon, der Frauen unterschiedlicher Nationalitäten zusammenbringt, um sie in ihren Fähigkeiten zu stärken, sich auszutauschen und gegenseitig zu helfen und vielleicht einen Weg in die berufliche Zukunft zu finden. Die Initiatorin Anke Trischler: »Wenn man nicht nur Integration drüberschreibt, sondern einfach macht, indem die Leute miteinander arbeiten, miteinander reden, dann ist dieses Thema, ich bin hier angekommen, viel realistischer, als wenn man immer sagt, ich mache Integrationsarbeit.«

Zwei Jahre später ist daraus ein internationaler Nähsalon geworden mit dem stolzen Titel »Atelier Culture«, der als Wirtschaftsunternehmen betrieben wird. Egal ob man ein paar Teile ausbessern, den Reißverschluss einer Jeans wechseln oder etwas Neues nähen will, aber keine Nähmaschine hat – im Nähsalon ist man an der richtigen Adresse. Er steht jedermann offen, und für 7,50 Euro die Stunde kann man Maschinen und Materialien nutzen. Hier arbeiten Profis und Amateure zusammen, inzwischen auch Designerinnen aus unterschiedlichen Ländern. In einer Mischung aus kultureller Identität, persönlichem Geschmack, Handwerkskunst und lukrativer Beschäftigung entwickelt sich der innovative Ansatz mit rasantem Wachstum.

Im Angebot sind Nähkurse, vom Entwurf über den Zuschnitt und die Anfertigung bis zur Präsentation, und diverse Modenschauen. Einmal im Jahr gibt es einen weit beachteten Nähkongress. Dazu Nähworkshops, Nähurlaub und Nähmaschinenkunde. Man kooperiert mit Maschinenherstellern, und es gibt Tauschaktionen für gebrauchte Nähmaschinen. Zugleich arbeitet man daran, in Kenia ein Berufsbildungszentrum mit aufzubauen. Bei alldem verzichtet man bewusst auf Fördermittel, sie machen unselbstständig im Denken und Handeln.

Anke Trischler, die selbst lange Bankerin war, hat den Spaß an kreativer Arbeit mit der Leidenschaft fürs Nähen und ihren Fähigkeiten als Unternehmerin verbunden: »Fördermittel sind begrenzt, die Fantasie ist unbegrenzt. Wir haben entschieden, wir machen das ohne, und wir schaffen das auch.«

Neben aller unternehmerischen Kompetenz, dem internationalistischen Projekt und der sozialen Integration, wird mit dem Nähen eine alte Kulturtechnik wiederbelebt und weltweit als neues Hobby entstaubt. Selbstnähen ist angesagt, es ist der aktuelle Trend in New York. Dazu rät übrigens auch die renommierte Designerin Vivienne Westwood: »Kauft nicht meine Kleider – näht lieber selbst.«

www.naehcafe-wiesbaden.de

An die Wäsche gehen

Wie lässt sich das Praktische mit dem Sinnvollen verbinden? Einen ebenso einfachen wie effizienten Weg zu diesem Ziel liefern soziale Betriebe wie die gemeinnützige Gesellschaft für Arbeit und Integration mbH passage. Im Hamburger Bezirk Wandsbek betreibt sie »Samt+Seife – Textilservice Steilhoop«, ein Dienstleistungsunternehmen rund um das Thema Kleidung und Heimtextilien. In drei Abteilungen – der Näherei (Samt), der Wäscherei (Seife) und einem Laden mit Beratungsangebot (»Rock+Rat«) – sind mittlerweile rund fünfzig Jobs rund ums Waschen, Bügeln, Reparieren und Schneidern entstanden. Hier finden langzeitarbeitslose Frauen Beschäftigung, qualifizieren sich für den allgemeinen Arbeitsmarkt und erlangen neue berufliche Perspektiven.

Die Wäscherei arbeitet für gemeinnützige Einrichtungen, insbesondere aus dem kirchlichen und sozialen Umfeld des Betriebes, aber auch für bedürftige KundInnen. Als eigener Geschäftszweig wurde hier ein Hol- und Bringservice angegliedert. Ähnlich wie der Mahlzeitendienst »Essen auf Rädern«, der ältere und/oder beeinträchtigte Menschen mit warmem Essen versorgt, schließt auch »Wäsche auf Rädern« eine Haushaltslücke. Wer seine Wäsche kurzzeitig oder dauerhaft nicht mehr selbst pflegen kann und dennoch eigenständig und im vertrauten Umfeld wohnen bleiben möchte, findet hier Unterstützung. Betten ab- und neu beziehen, Gardinen reinigen und wieder anbringen; auch Tischdecken, Handtücher, Kleider und Blusen. Alles wird abgeholt, erledigt und zurückgebracht. Dabei ist Zeit für ein Gespräch und für weitere kleinere Handreichungen: Das Altpapier entsorgen, die Glühlampe wechseln, die Post zum Kasten bringen.

> Der Stoff, aus dem Seniorenträume sind.

Neben der selbst gewählten sozialen Aufgabe übernimmt »Samt+Seife« zudem Verantwor-

tung für die Umwelt, arbeitet ausschließlich
mit biologisch abbaubaren Waschmitteln,
energiesparenden Maschinen und wickelt
den Wäscheservice ausschließlich
mit speziellen Lastenfahrrädern und
ohne Autos ab. Die Menschen in
der Region Bramfeld/Steilshoop
profitieren zudem noch durch
einen Laden. Bei »Rock+Rat«
gibt es gut erhaltene Kleidung, Möbel
und Hausrat im Tausch oder gegen Geld, während im
Beratungsbüro nebenan Formularhilfe und Schreibservice, Hartz-
IV-Beratung und ein Internetarbeitsplatz genutzt werden können.

www.samtundseife.de

Knöpfe für Autisten

Katja Hardenfels aus Schwerte hatte die Idee. Die Drogeriemarktkette dm suchte mit einem Wettbewerb »Ideen Initiative Zukunft« Projekte, die nachhaltig wirken und ein soziales Problem lösen. Da kam ihr die Idee mit den Knöpfen. Gebrauchte Knöpfe, die zu Hunderten in den Schubladen und Haushalten herumliegen, sollen gesammelt, für ihr Projekt gespendet und dann von einer Asberger-Initiative aufbereitet, sortiert, neu verpackt und verkauft werden.

Auf uns ist Verlass, wir sind aufrichtig.

Frau Hardenfels hat selbst das Asberger-Syndrom, eine sanfte Form von Autismus. Asberger-Patienten leben oft zurückgezogen, haben wenig soziale Kontakte, manche mögen keinen Blickkontakt, sie verwenden und verstehen

Körpersprache nicht gut, und so wirkt ihre Kommunikation bisweilen »professorenhaft«. Selbst sehen sie das oft ganz anders: »Wir Menschen mit Asperger-Syndrom sind starke Leute. Auf uns ist Verlass, wir sind aufrichtig, verstricken uns weniger in Lebenslügen als andere, wir ziehen unsere Arbeit durch. Wir interessieren uns oft für Dinge, für die sich andere nicht interessieren. Manche Leute sprechen uns das Einfühlungsvermögen, die Empathie, ab, aber das stimmt so nicht. Wir sind äußerst sparsam mit Umarmungen und anderen Ausdrücken von Empathie, doch wie oft sind solche Ausdrücke schlichtweg gelogen?«

Die Folgen allerdings reichen von sozialer Ausgrenzung bis Mobbing am Arbeitsplatz, dabei ist die Intelligenz der Betroffenen normal bis hoch entwickelt. Sie fallen auf durch starres Festhalten an Routinen, Ritualen und Vorlieben und entwickeln oft Spezialinteressen, die entweder sehr selten sind oder ausgesprochen extensiv betrieben werden. Und genau das ist die Idee mit den Knöpfen, diese speziellen Eigenschaften nutzbar zu machen für die Jobs. Menschen mit Asperger-Syndrom haben meistens ein hervorragend fotografisches Gedächtnis, sind etwa ausgezeichnet im Sortieren und Ordnen und haben die Fähigkeit, Kategorien zu finden und zu unterscheiden. Einige sind sogar Rechen- und Zahlenkünstler.

Auf die Idee mit den Knöpfen kam Katja Hardenfels durch »Briefmarken für Bethel«, denn auch hier werden Arbeitsplätze für speziell Betroffene geschaffen. Das Ganze ist im Anfangsstadium, wie sie auf ihrer Homepage »knopfprojekt« berichtet. Genügend Knöpfe gibt es, aber noch zu wenig Köpfe. Sie sucht nach professioneller Unterstützung im Marketing, Vertrieb und beim Verkauf, damit auch tatsächlich Arbeitsplätze daraus werden. Das Konzept allerdings ist frappierend: in spezifischer Weise ein soziales Projekt zu initiieren und dies mit einer konkreten Gruppe von Betroffenen zu verbinden.

www.aspergia.de
www.knopfprojekt.wordpress.com

Der Spritzenautomat

Im Kölner Vorort Vingst gab es ein Drogenproblem. Auf Spielplätzen lagen als mögliche Infektionsquelle für die Kinder gebrauchte Spritzen herum. Polizei, Kirchengemeinden und Bürgerverein verständigten sich auf die Botschaft: Drogenabhängige sind als Mitbürger willkommen, wenn sie darauf achten, niemanden in Gefahr zu bringen. Also wurde ein Spritzenautomat beschafft und in Sichtweite des Spielplatzes am Kirchturm angebracht. Konsumentinnen und Konsumenten können dort rund um die Uhr sterile Spritzen bekommen und gebrauchte sicher entsorgen. Im Kirchturm gab es zusätzlich einmal in der Woche eine Beratungszeit für Junkies.

Anfangen kann jeder, aber wer pflegt den Automaten und bestückt das Gerät jede Woche mit frischen Spritzen, Hygieneartikeln und Kondomen? Das macht seit über zehn Jahren ein Apotheker. Da alle Artikel nur 50 Cent kosten, kann er daran nichts verdienen. Wahrscheinlich zahlt er noch drauf, weil er auch die Umgebung des Automaten säubern lässt und ihn warten muss. Aber da die Menschen im Viertel wissen, wer sich darum kümmert, ist es vielleicht keine schlechte Werbung.

Türkische Eltern aber hegten Bedenken gegen die Anbringung in der Nähe des Spielplatzes. Sie befürchteten – zu Unrecht – eine Gefährdung ihre Kinder. Zwar ist deren Interesse an dem Automaten meist gering, da er für einen normalen Zigarettenautomaten gehalten wird. Wie dieser ist auch der Spritzenautomat für kleine Kinder unerreichbar hoch angebracht, und durch die Entsorgungsbox für Altspritzen dient er sogar deren Sicherheit.

Aber da der Kirchturm eh nicht der passende Ort war, gaben diese Vorbehalte den Anstoß, einen Aufstellungsort zu suchen, der auch den Drogen gebrauchenden Menschen entgegenkommt, indem er versteckter und weniger einsehbar angebracht wird.

Drogenabhängige sind als Mitbürger willkommen.

www.saferuse-nrw.de/Saferuse-NRW/front_content.php?idcat=616

Feuerwehrfonds im Westerwald
Die alternative Krankenkasse

»Jörg druckt Carstens Entwurf. Nico renoviert Jörgs Haus, Nico plant dabei mit Andreas. Marion massiert Andreas Rücken ...«, und so geht es weiter auf der Webseite eines alternativen Netzwerkes im Westerwald namens WIBeN. Darüber ein Fotostreifen, Männer und Frauen stehen da ganz lässig, und man kann raten, wer Carsten und wer Andreas oder Marion ist.

Dieses Westerwälder Netzwerk von Initiativen und Betrieben gibt es schon seit mehr als 25 Jahren, und inzwischen sind es über 100, die dabei mitmachen: Handwerker und Landwirte, Förster und ein Lehmbauer. Vom Händler für biologische Baustoffe oder regionale Naturprodukte bis zum Kulturverein und zum Pferdeakupunkteur sind Produktion, Handel und Dienstleistung jeder Couleur vertreten. Ihnen geht es um Kooperation und Austausch, um gemeinsames Engagement in der Westerwälder Region, die ja üblicherweise als ziemlich abgehängt gilt, und nicht zuletzt um gegenseitige Hilfe und Zusammenarbeit. Das Motto: »Aus der Region – für die Region«.

Das jüngste Kind von WIBeN ist ein Gesundheits- und Sozialfonds. Das Ziel ist einmal die finanzielle Entlastung der Mitglieder im Krankheitsfall und zum anderen ein erweitertes Angebot an Therapien, die die normalen Krankenkassen oder Privatversicherungen nicht zahlen. Das Modell ist relativ simpel, aber wie immer – man muss erst mal draufkommen. Als Gewerbetreibende oder Selbstständige sind viele privat versichert. Die wechseln nun bei ihrer Versicherung in einen Tarif mit hoher Selbstbeteiligung, zahlen dadurch einen geringeren Beitrag in die private Versicherung und stecken den Rest in ihren gemeinsamen Fonds. Die gesetzlich Versicherten können zwar ihren Tarif nicht frei wählen, beteiligen sich aber ebenso mit einem Mindestbeitrag am Fonds.

Dieser Mindestbeitrag beträgt 50 Euro im Monat oder auch mehr, von dem der größere Teil auf ein persönliches Verrechnungskonto geht, für die fälligen Rechnungen, die man als Selbstbeteiligung eben zu leisten hat, bzw. für Leistungen, die die Kasse nicht übernimmt, von der tibetischen Akupressur bis zu Viagra. Denn das ist neben der Solidarität der Clou: Hier werden Therapien finanziert, für die kein anderer aufkommt.

Aus der Region – für die Region.

10 Euro pro Mitglied und Monat gehen auf ein Gemeinschaftskonto. Damit springt der Fonds in Notsituationen ein; bei Unfall, Krankheit usw. kann schnelle Hilfe gewährt und auf Dauer ein erweitertes Therapiespektrum angeboten werden. Aber die Mitglieder wollen sich auch gegenseitig beraten und austauschen, einen eigenen Experten- und Ärztepool aufbauen und Projekte und Aktionen im Sinne ihrer Solidargemeinschaft unterstützen.

Natürlich ist das nicht viel, und es wird Jahre dauern, bis ein relevanter Stock individuell und gemeinsam angespart ist. Aber die Idee ist überzeugend, und sie funktioniert so ähnlich schon länger in anthroposophischen Kreisen, in den Artabana-Gemeinschaften oder der Samarita-Solidargemeinschaft. Die gibt es schon seit Jahren, und neben aller wirtschaftlichen Relevanz geht es auch um ein anderes Verhalten bei Krankheit und Hilfe. Und das funktioniert solidarisch eben besser.

www.wiben.de
www.Artabana.de
www.samarita.de

Wann du willst, wohin du willst!
DeinBus

Eine Studie des Umweltbundesamtes zeigt, dass die CO_2-Bilanz von Bussen aufgrund einer im Schnitt höheren Auslastung besser ist als die von Zügen. Drei Studenten wollen mehr Wettbewerb im öffentlichen Nahverkehr und gründen eine Mitfahrzentrale für Busse. Per Internet sammeln sie individuelle Fahrtwünsche und chartern nach Auswertung der Daten die passenden Busse dazu.

Eine Fahrt von Köln nach Frankfurt kostet bei der Bahn ohne Bahncard 64 Euro. Bei »DeinBus.de« gibt es dieselbe Transportleistung für 15.- Euro. Sie dauert allerdings angesichts der schnellen ICE-Trasse per Bus eine Stunde länger. Die Zahl der Fahrgäste wächst täglich, über 1.000 Freunde bei Facebook jubeln über die Existenzgründer, während die Deutsche Bahn versucht, die jungen Konkurrenten juristisch auszuschalten, und auf die Zulassungsbeschränkungen des Personenbeförderungsgesetzes pocht. Vergeblich. Im Frühjahr 2011 ist das Unternehmen vor dem Landgericht Frankfurt mit seiner Unterlassungsklage gescheitert. Die Richter bescheinigten DeinBus.de, nicht wettbewerbswidrig zu handeln.

Hier machen die Kunden den Fahrplan.

Nun können die Studenten ihr Angebot ungehindert ausbauen. Die Studenten sehen sich nicht im Wettbewerb mit dem Schienenverkehr, denn »90 Prozent der Kunden sind die letzten sechs Monate nicht Bahn gefahren«, sagt Mitbegründer Janisch. Vielmehr bieten sie eine Alternative zur Auto-Mitfahrzentrale. Wer umweltfreundlich und sehr preiswert reisen möchte oder muss, sollte diese kreativen Köpfe unterstützen, die frischen Wind in die verkrusteten Strukturen des ÖPNV bringen. Ihr Motto lautet: Hier machen die Kunden den Fahrplan, nicht wir.

www.deinbus.de

Im Zeichen der Karotte

Nachfrage oder Boykott, das sind auch die Methoden, mit denen Konsumenten zeigen, was sie gut finden und was nicht. Im Volksmund: Zuckerbrot und Peitsche. Ein hilfreiches Instrument, um die Macht der Käufer zu bündeln, ist die Kommunikation über soziale Netzwerke. Wenn sich möglichst viele abends in einer bestimmten Kneipe verabreden, platzt diese aus allen Nähten, und der Wirt macht einen gigantischen Umsatz. Das nennt man Flashmob. Diese Zusammenrottungen sind sinnfrei und lustig – vor allem für den Wirt. Ist der Flashmob mit Sinn und Ziel unterlegt, handelt es sich um einen Smartmob.

Verfolgt ein Smartmob ökologische Ziele, spricht man von einem Carrotmob. Beispiel: Ein Einzelhändler plant, stromsparende Kühlgeräte anzuschaffen. Dafür verspricht er dem lokalen Flashmobnetzwerk, ein Drittel seines Umsatzes in dieses Vorhaben zu investieren, den er am Tag X macht. Kunden mit ökologischem Bewusstsein rufen nun über ihre Netzwerke dazu auf, exakt an diesem Tag in genau jenem Laden einzukaufen. So kommt ein Masseneinkauf zustande, der der Umwelt nutzt. Ein Carrotmob verbreitet neben dem Spaß auch das Gefühl, persönlich Einfluss nehmen zu können. Während bei einem Boykott alle leer ausgehen, gibt es bei diesem Einkaufshappening nur Gewinner.

Der Amerikaner Brent Schulkin hat sich 2008 diese Aktionsform ausgedacht. Er kontaktierte in einem Viertel in San Francisco zig Läden und erklärte, dass er ihnen über ein Empfehlungsnetzwerk viele Kunden zuführen könne. Er beabsichtige jedoch, nur für ein einziges Geschäft zu werben, nämlich für das, dessen Inhaber ihm die weitest gehende Maßnahme zur Verbesserung der Umweltbilanz seines Ladens zusagte. (Das musste im Übrigen kein Gemüseladen sein, auch wenn die Karotte daran denken lässt.) Im Angloamerikanischen spricht man nicht von Zuckerbrot und Peitsche, sondern nutzt in der Redewendung »carrot and stick«. Mit beidem lässt sich ein störrischer Esel zum Laufen zu bringen. Entweder treibt man ihn durch Stockhiebe auf sein Hinterteil an oder motiviert ihn, indem man mit einer Belohnung winkt. Und mit der Karotte vor der Nase sagt sich selbst der dümmste Esel, o.k., dann geh ich halt.

http://berlin.carrotmob.de/carrotmobs-in-deutschland

Der zweite Pass

Vor zehn Jahren wurde die »Erste Transnationale Republik« in München gegründet, und inzwischen hat sie schon über 5.000 Bürger und Bürgerinnen, von Mittelamerika bis Ostasien, von Südafrika bis nach Skandinavien. Die meisten Transnationalisten allerdings leben in den Grenzen der Bundesrepublik Deutschland und sind neben ihrem deutschen Personalausweis mit einem Zweitpass ausgestattet. Der sieht dem deutschen Personalausweis zwar ähnlich, allerdings befindet sich das Foto rechts, und statt »BRD« steht »Transnational Republic« drauf.

Gründer ist Georg Zoche, ein Ingenieur für Flugzeugmotoren und Selfmade-Experte für Finanz- und Geldtheorien. Nationalstaaten, sagt er, sind in der Geschichte nur ein Wimpernschlag, mal gerade 200 Jahre alt. Aber was bringen sie in Zeiten der Globalisierung? Als Bürger einer Nation ist man dem Staatsapparat ausgeliefert, das heißt der Bürokratie, man wird beschränkt und gehört von Geburt an automatisch zu einem geografisch begrenzten Raum. Die Transnationale Republik dagegen kennt keine Beschränkung, geografisch schon gar keine, und jeder kann Bürger werden, jeder ist willkommen. In einem globalen Netzwerk sind alle verbunden, artikulieren ihre Interessen, pflegen Freundschaften über den Datenhighway des weltweiten Internets.

Neben einem von der UNO ausgeliehenen Logo hat die junge Republik auch eine »Central Bank« mit eigener Währung namens »Payola«. Ein schönes Spiel mit dem Doppelcharakter von Geld, denn in den USA bezeichnete man damit »Schmiergeld«, mit denen Bands die Musikredakteure der Radiostationen bestachen, damit sie ihre Platten spielten. Dieser »Payola« bringt natürlich keine Zinsen, Sparen ist sinnlos, man kann damit nicht spekulieren, sondern nur konsumieren.

Seit 10 Jahren richtet Zoche Einwohnermeldeämter der »Transnationalen Republik« ein, mal im Theater,

Jeder kann Bürger werden.

mal in einer Bar, bei einer Biennale oder einer evangelischen Akademie, und auch im Internet kann man sich als Bürger einschreiben. Inzwischen gibt es neben einer »Anständigen Vertretung« in Berlin bereits diverse Botschaften, eine sogar bei der EU in Brüssel. Man wirbt für die Transnationale Republik, denn erst mal braucht es Bürger, bis sie einen Status als NGO hat wie etwa Greenpeace und die völkerrechtliche Anerkennung genießt. Den Gründer ficht das nicht an, denn »wir sind ein Denkmodell. Wir haben mit der Gründung unserer Republik einfach den dritten Schritt vor dem zweiten gemacht. Um das Nachdenken über unser Geld, über uns, unsere Welt und die Zusammenhänge zu fördern.«

Anständige Vertretung Berlin
Prenzlauer Allee 5
10405 Berlin
www.transnationalrepublic.org
www.weltmachtgeld.de

GESPRÄCH

mit Heiner Geißler und
Jürgen Becker, Franz Meurer, Martin Stankowski
sowie dem Verleger Helge Malchow
am 23. Mai 2011 in Geißlers
Heimatort Gleisweiler
beim Frühstück

Heiner Geißler
... ja aber ich weiß gar nicht, was Sie jetzt von mir wollen.

Becker
Im Grunde nur die Brötchen.

Stankowski
Uns interessiert Ihre Meinung zu den Projekten, die wir in diesem Buch vorstellen, gerade nach Ihrer Schlichtung bei Stuttgart 21: Wie kann der Einzelne intervenieren in der Gesellschaft? Zur Zeit geschieht ja viel Derartiges. Ersetzt das die Politik, oder ist das nur eine Ergänzung?

Becker
Und mich interessiert, da Sie lange politische Macht hatten, wie Sie erklären, dass es zum Prekariat gekommen ist. Die Väter des Grund-

gesetzes wollten das ja nicht. Jetzt haben wir es aber. Es ist irgendwie passiert, es ist irgendetwas schiefgelaufen, dass so viele Menschen nicht mehr in die Gesellschaft integriert sind. Mich interessiert, wo war genau der Fehler? Wo ist das schiefgelaufen?

Geißler
Das kann ich Ihnen genau sagen. Es ist ja noch nicht lange her, dass das Prekariat so groß geworden ist. Die Begründer der sozialen Marktwirtschaft würden sich im Grab rumdrehen. Das wichtigste Buch, das Ludwig Erhard geschrieben hat, hieß »Wohlstand für Alle«. Und das war auch tatsächlich so gemeint. Die alte soziale Frage wurde gelöst: Der Arbeiter war nicht mehr arm, weil er Arbeiter war. Nun gibt es eine neue Armut: Leute, die keine organisierbaren Interessen haben, nicht zuletzt einkommensschwache Familien mit Kindern. Dieses Prekariat ist völlig unbestritten das Ergebnis einer der schlechtesten, fehlerhaftesten politischen Entscheidungen in der Geschichte der Bundesrepublik, nämlich der Agenda 2010. Durch die Agenda sind praktisch die sozialversicherungspflichtigen Vollzeitarbeitsplätze zur Disposition gestellt worden. Die haben sich auch nicht vermehrt seit 2003, sie sind sogar zurückgegangen. Dafür haben wir 6 Mio. »geringfügige Beschäftigungsverhältnisse«. Das hat Gerhard Schröder zu verantworten, der Toni Blair imitieren wollte. Dadurch haben wir jetzt die Situation, dass über 6 Mio. Menschen von Hartz IV abhängig sind.

Meurer
Zum Thema Frauen: Nur noch 27 % aller Frauen-Arbeitsverhältnisse sind sozialversicherungspflichtig.

Geißler
Auf die Minijobs sind die Frauen abgeschoben worden, weil sich an dem Hierarchieverhältnis zwischen Mann und Frau in der Ehe fast nichts geändert hat, nur bei den jungen Leuten ist es besser geworden. Ursula von der Leyen hat übrigens dagegengearbeitet, das muss man ihr lassen – mit dem Elterngeld. Das ist ein Grund für das Prekariat, es ist aus politischen Gründen entstanden. Damit komme ich zu Ihrem Buch. Sie sagen da: »Unsere Beispiele haben drei Komponenten«.

Stankowski
Ja, sie sollen zeitlich begrenzt und fachlich kompetent sein, und sie müssen für einen selber Vorteile bringen.

Geißler
Ja, einen Vorteil bringen. Das ist kein Manko. Was Sie da berichten, ist alles prima, aber das eigentliche Problem ist, wir brauchen langfristige politische Lösungen. Das Problem der Hartz-IV-Empfänger ist nicht, dass es keine Leute gäbe, die sich um sie kümmern. Es gibt Institutionen wie Sand am Meer. Sie helfen sich auch selber, z.B. in Arbeitsloseninitiativen. Das Problem ist ein anderes: Das Bewusstsein bei den Politikern und den Beamten hat sich verändert. Als ich Sozialminister in Rheinland-Pfalz war – es ging damals zentral um die Versorgung der Kriegsopfer, wenn einer ein Bein oder ein Auge verloren hatte, um die Minderung der Erwerbsfähigkeit –, habe ich die verantwortlichen

(v.l.n.r.) Geißler, Becker, Stankowski, Meurer, Malchow.

Beamten in der Kriegsopferverwaltung nach Mainz geholt und habe denen gesagt, im Zweifel müsst ihr euch für die Leute entscheiden und nicht gegen sie, nicht für den Finanzminister, sondern für die Menschen. Wenn mal einer vor dem Sozialgericht seinen Prozess gewonnen hat, dann gehen wir nicht in die Berufung, weil der Staat nicht gegen seine eigenen Bürger arbeiten darf. Heute streiten die Beamten in den Job-Agenturen mit den Leuten um jeden Quadratmeter. Die 170.000 Klagen vor den Sozialgerichten haben damit zu tun, dass die Beamten, diese Job-Agenten, Hornhaut auf der Seele haben.

Meurer
Das ist die Verwaltung, aber wie sieht es mit der Politik aus? Ist hier nicht viel Vertrauen verloren gegangen?

Geißler
Auch die Politik ist gefühllos geworden. Die Leute haben ja ihre Erfahrungen, man liest es jeden Tag in der Zeitung. Sie haben erlebt, dass 1,5 Billionen Dollar versenkt wurden von Investmentbankern, die nachher mit den Boni abgezogen sind, obwohl sie dafür verantwortlich waren, dass die Leute ihr Eigentum verloren haben, auch die Aktionäre. Der Eindruck war, das ist passiert, ohne dass die Politik das gewusst, geschweige denn, dass sie es verhindert hat. Dann sehen sie, dass eine Ölplattform im Golf von Mexiko explodiert. Eine Ölplattform, die nach den amerikanischen Sicherheitsvorschriften gar nicht hätte gebaut werden dürfen. In Chile sitzen 30 Leute 60 Tage lang 700 m unter der Erde in einem Bergwerk, das nach den sehr laxen chilenischen Vorschriften gar nicht hätte in Betrieb genommen werden dürfen. Trotzdem hat man das gemacht. Warum hat man das ohne Rücksicht auf die Menschen gemacht? Weil man Geld verdienen wollte, aus Profitinteresse. Daher fragen sich die Leute: Kann sich denn die demokratische Politik gegen die Macht der Finanzmärkte durchsetzen? Ist es überhaupt möglich, dass der Staat dafür sorgt, dass die Technologie dem Menschen dient und nicht dem Profitinteresse? Und wenn die Menschen sich dann selber die Antwort geben und sehen, dass die gewählten Politiker sich nicht gegen die Rating-Agenturen und die Investmentbanker durchsetzen, dann haben sie auch keine große Lust mehr, vor Ort solche Projekte zu akzeptieren wie einen Bahnhof oder

einen Flughafen, weil sie nicht wissen, was dahintersteckt. Sie wissen nicht, welche Kapitalinteressen möglicherweise dahinterstecken. In Stuttgart 21 ging es ja auch um die Grundstücksfrage, also darum, dass die Grundstücksspekulanten ihre Hand schon auf dem Gleisvorfeld hatten. Dann saß saudummerweise Politprominenz im Beirat und Vorstand der Immobilienfirma ECE Projektmanagement, deren Chef Alexander Otto vom Otto-Versand dort ein riesiges Einkaufszentrum plante. Die Explosion war nicht mehr zu verhindern, weil viele gesagt haben: Jetzt wissen wir, warum der Bahnhof gebaut werden muss – damit Daimler, Benz, Otto und Bosch ihren Reibach machen können.

Meurer
Was halten Sie in diesem Zusammenhang z.B. von Volksentscheiden? Dann hätte das Volk den Schwarzen oder den Weißen Peter – je nachdem.

Becker
Dem Volk fehlt ja manchmal auch die Weitsicht, muss man sagen. Das ist auch gefährlich. Ich merke es an mir selber. Ich habe das mit der Agenda 2010 auch erst nicht richtig kapiert. Ich habe gedacht, das Zusammenlegen von Sozialhilfe und Arbeitslosengeld ist vielleicht richtig. Ich habe eine Weile gebraucht, bis ich kapiert habe, was das bedeutet ...

Geißler
... das war z.B. fiskalisch richtig. Aber fiskalisch ist viel richtig und falsch, philosophisch falsch.

Meurer
Es war sogar richtig, zu sagen: Fördern und fordern.

Malchow
Warum hat an einem bestimmten Punkt gerade eine rot-grüne Regierung gesagt, wir müssen mit den bisherigen Prinzipien der Sozialpolitik und Wirtschaftspolitik brechen? Warum? Unter welchem Einfluss stand die Regierung, die das verantwortet hat? Waren die Politiker einfach nur Diener des Finanzkapitals?

Geißler
Sie waren Getriebene. Die Treiber waren die Medien, v.a. die wirtschaftspolitischen Teile der großen Zeitungen FAZ, Süddeutsche Zeitung, Handelsblatt, auch der Spiegel. Dazu kamen die sogenannten »Experten« – Sinn, Henkel und Raffelhüschen, Zimmermann von Berlin und Straubhaar von Hamburg –, dann der Sachverständigenrat mit Ausnahme von Bofinger, sie haben alle in dieselbe Kerbe gehauen. Man kann den Namen eines Theoretikers nennen, der schuldig ist – wenn auch nicht schuldig im moralischen Sinne: Milton Friedman. Der Bundespräsident Herzog hielt seine berühmte Rede: Es muss ein Ruck durch Deutschland gehen. Man muss sich regelrecht genieren, wenn man diese Rede heute liest. Dann kam der Leipziger Parteitag, auf dem die CDU kurze Zeit in dasselbe Fahrwasser geriet, in dem sich die SPD schon befand, frei nach Milton Friedman: Reformen, möglichst wenig

Auf der Fahrt zu Heiner Geißler platzt der Reifen.
Helge Malchow am Ersatzrad, Jürgen Becker kontrolliert

Staat, am besten den Staat ganz abschaffen und alles dem freien Markt überlassen. Das ist der Grund, warum das so gelaufen ist. Die Marktgläubigkeit ist die eigentliche Todsünde des heutigen Wirtschaftssystems, diese Marktgläubigkeit und die damit verbundene Ökonomisierung aller Lebensverhältnisse. Der Mensch gilt umso mehr, je weniger er kostet, und er gilt umso weniger, je mehr er kostet.

Stankowski
Wenn es nur um die politische Ebene geht, dann könnten wir unser Buch nicht: »Werkzeugkasten für Weltverbesserer« nennen.

Geißler
… das ist die Schwäche dieses Buches.

Stankowski
Wir haben einfach Beispiele dafür gesucht, dass Menschen intervenieren: Erstens sind sie dann nicht mehr passiv, und zweitens haben sie Erfolg damit.

Geißler
Es gibt in Ihrem Buch die Schulprojekte. Wenn ich da vielleicht eine Anregung geben darf: Was die betroffenen Leute überhaupt nicht wollen ist, dass die Abhängigkeit von barmherzigen Hilfswerken deutlich wird. Sie berichten auch über ein gutes Beispiel, wo die Sache funktioniert, diese Patenschaften.

Meurer
… und alles anonym.

Geißler
Das halte ich für sehr gut.

Meurer
Wir machen das z.B. bei uns in Höhenberg-Vingst so, dass jedes Kind, jeder Jugendliche ein Fahrrad bekommt. Wir brauchen 400 Fahrräder mindestens im Jahr. Warum? Wenn du dich nicht bewegst, lernst du auch nicht denken und sprechen.

Geißler
… die kriegen alle ein Fahrrad?

Meurer
Ja, gebrauchte Fahrräder. Wir bedenken immer alle, weil das die Abhängigkeit auflöst. Nicht Segregation und Segmentierung. Bei uns kriegt z.B. jedes Kommunionkind ein Kommunionkleid oder einen Anzug, Ihr Enkelkind wäre auch dabei.

Geißler
Sie bringen ja auch das Beispiel von dem Zahnarzt.

Stankowski
Der sagt, ich kann die Armut nicht beseitigen, kann Bedürftigen aber ein schönes Gebiss machen.

Meurer
Aber auch Sie sagen ja, die Grundlage der Zivilisation muss die Nächstenliebe sein. Hannah Ahrendt sagt, Politik ist angewandte Liebe zur Welt. Für mich ist dabei der Bildungsaspekt wichtig, d.h., wer kapiert, dass er den anderen nicht demütigt, sondern unterstützt, der politisiert sich auch. Das ist meine Meinung und auch meine Erfahrung.

Geißler
Das ist schon richtig. Eine Welt ohne Barmherzigkeit wäre eine Katastrophe. Nur: In einem Volk mit 81 Mio. Menschen funktioniert die Gesellschaft nur, wenn diese Barmherzigkeit Strukturen bekommt. Die Menschen haben Rechtsansprüche aufgrund ihrer unantastbaren Menschenwürde. Es reicht heute nicht, dass sie darauf warten, bis irgendwelche reichen Leute plötzlich barmherzig werden.

Meurer
Ihrer These von der Ökonomisierung würden wir alle zustimmen – und Bürokratie ist das Schlimmste für die kleinen Leute, z.B. der Bildungsgutschein. Die Idee ist gut, aber schon Helmut Schmidt hat gesagt, ich könnte niemals Wohngeld beantragen. Da hätte er seine Sekretärin fragen müssen. Das geht einfach nicht. Wir können

nicht eine Welt, in der 33 Prozent der Hauptschüler mit rudimentären Kenntnissen von der Schule abgehen, dermaßen bürokratisieren.

Geißler
Aber dagegen könnte man etwas unternehmen: Als Erstes müsste man die Praxis der Job-Agenturen wirklich an den Pranger stellen. Organisieren Sie doch mal angesehene Leute, Beamte, Ministerialbeamte oder Abgeordnete, die mit den Hartz-IV-Beziehern in die Agentur gehen. Damit der Agenturbeamte weiß, er kann mit dem nicht machen, was er mag, weil es am anderen Tag in der Zeitung steht. Das ist wirksam. Es heißt Beispiele finden, wie man Druck machen kann gegenüber den Mächtigen.

Malchow
Ist das bedingungslose Grundeinkommen ein Weg?

Geißler
Das ist ein absolut idealistischer Vorschlag. Götz Werner von dm, der diese Idee ja aufgebracht hat, hat mich mal in Frankfurt auf dem Hauptbahnhof abgefangen und hat mir dann dreieinhalb Stunden lang, solange der Sprinter gebraucht hat, noch einmal sein System erklärt. Aber das geht leider nicht. Sie bräuchten, um das zu finanzieren, eine Mehrwertsteuer von ungefähr 46 Prozent. Das würde die Verbrauchssteuern viel zu stark belasten.

Stankowski
... und Mindestlöhne?

Geißler
Das unbedingt. Das ist eine erste richtige Bremse. Es muss allerdings konsequent gemacht werden. Das Großartige an der Idee des allgemeinen Grundeinkommens ist allerdings, dass der Bedürftige kein Bittsteller mehr ist. Nur – das Grundeinkommen müsste natürlich entsprechend hoch sein, damit es tatsächlich ein Einkommen ist und die Leute davon leben können. Das geht nicht unter 1.500 Euro netto. Das ist aber leider jenseits aller finanzierbaren Möglichkeiten.

Stankowski
Sie sind Ihr Leben lang ein Politiker, der polarisiert hat.

Geißler
In der CDU wollte mich schon immer der eine oder andere ausschließen, das ist schon wahr. Wegen meiner Unabhängigkeit und wegen meiner Überzeugungen. Gott sei Dank gibt es auch heute genügend Soziale in der CDU, allerdings gibt es unter diesen keine rhetorischen Talente.

Stankowski
Ist für Sie ein Begriff wie »Herz-Jesu-Sozialist« ein Schimpfwort?

Geißler
Da ich schon immer ein Anhänger aggressiver Rhetorik war, muss ich sagen: Das war ein Treffer – nur von der falschen Seite. Das ist schon verletzend, wenn auch nicht persönlich.

Malchow
Wegen des Zusammenhangs von Jesus und Sozialismus?

Geißler
Nein, das Problem ist das Herz. Der Begriff »Gutmensch« ist auch so ein böses Wort.

Malchow
Man könnte vielleicht sagen, dieses Buch rehabilitiert die Gutmenschen ...

Geißler
Das ist wirklich wahr.

Becker
Ich will einfach noch einmal die Frage stellen, wie man denn die Situation retten kann. Man merkt, das läuft insgesamt schwer schief. Man muss sich doch Sorgen machen, weil die soziale Lage vieler Menschen in Deutschland immer schlechter wird. Es gibt immer mehr Jugendli-

che, die keinen Zugang zur Gesellschaft mehr finden, ihre Zahl wächst immer weiter. Auf der anderen Seite haben wir aber 20 Mio. oft gut situierte Rentner, die frei herumlaufen, genauso frei wie Sie. Das ist doch ein Potenzial, was man anzapfen könnte. Das Buch wird ja in erster Linie von Leuten in diesem Alter gelesen. Und die CDU ist eine Partei, die von alten Leuten gewählt wird, ab 60 wählen sie fast alle. Die Grünen wählen die Jüngeren.

Geißler
Das war vor vier Jahren genau umgekehrt. Da haben die Jungen die CDU gewählt.

Becker
Na gut, aber es geht doch darum, ältere Leute zu mobilisieren. Da wären Sie doch der Richtige. Franz Meurer sagt immer, um ein Kind zu erziehen, braucht man ein ganzes Dorf. Und was wir Älteren z.B. bei der Aktion an der Kölner Hauptschule machen, ist ja nichts anderes, wir spielen Dorf. Wir gehen da hinein und sagen den Hauptschülern, kommt her, ich helfe euch, eine Lehrstelle zu finden. Ich gehe mal mit dir in die Firma, wo du dich bewirbst. Die finden die Firma alleine gar nicht. Da muss einer mitgehen. Mit mir ist ja früher auch einer mitgegangen. Mein Vater hat mich an die Hand genommen, ist zu 4711 gefahren, hat gesagt, jetzt gehst du da hinein, drückst im Aufzug auf die 8, und gehst nach links, und dann fragst du nach dem Mann wegen der Lehrstelle.

Malchow
Man könnte ja auch fragen: Warum gehst du nicht stattdessen in eine Partei, um die Situation z.B. für Hauptschüler zu verbessern?

Becker
Das traue ich mir nicht zu. Das ist das Problem.

Malchow
Herr Geißler, was würden Sie heute jemandem empfehlen, der guten Glaubens die gesellschaftliche Wirklichkeit zum Positiven verändern will? Sollte der den alten Weg des Engagements in einer Partei antre-

ten oder solche Initiativen ergreifen, wie sie in diesem Buch zahlreich aufgeführt sind?

Geißler
Wenn man erkennt, dass die Strukturen die eigentliche Ursache der Missstände sind, dann helfen solche Initiativen nur, wenn das tatsächlich eine Massenbewegung wird. Dann kann das helfen. Was kann man machen? Das Beste wäre, man täte beides. Ich würde zunächst Mitglied in einer Partei werden, und dann würde ich Mitglied bei Attac werden oder bei Greenpeace oder einer anderen Gruppierung. In dieser Kombination würde ich versuchen, die CDU oder die SPD aufzumischen, aber vielleicht auch, das eine oder andere in dieser Gruppierung an Motivation reinzubringen. Das Problem sind im Moment tatsächlich die politischen Parteien, die völlig den Boden verloren haben, die nicht mehr vorankommen. Es hängt auch an den Persönlichkeiten.

Becker
Ich habe den Schaden, den die Agenda 2010 und Hartz IV angerichtet haben, auch die ganze Sarrazin-Debatte erst richtig verstanden, als ich bei unserem Schulprojekt die Hauptschüler persönlich kennengelernt habe. Ich glaube, man kann die allgemeine Politik erst dann richtig beurteilen, wenn man da ist, wo das Problem wirklich liegt.

Geißler
Ja, das ist richtig.

Becker
Ich hoffe z.B., dass wir mit dem Buch Leute ermutigen, in eine Schule zu gehen und konkret etwas zu tun. Die Schüler kommen sofort auf einen zu, weil sie wissen, dass man nicht dafür bezahlt wird.

Geißler
Aber das hat nur dann einen Sinn, wenn sich das auf die Politik auswirkt. Die Politik ist alles. Ohne Politik geht überhaupt nichts. Wenn man das vergisst, dann ist z.B. Franz Meurer eher eine Beruhigungspille für die Politiker, weil es dann heißt, der macht das schon. Der fängt das auf. Gut, dass es den gibt. Die Politik trägt diese Leute wie Hei-

ligenfiguren vor sich her und lobt die Selbstorganisation der Zivilgesellschaft. Das Beispiel Bürgerinitiativen. Bürgerinitiativen haben nur dann einen Sinn, wenn sie tatsächlich Druck erzeugen auf diejenigen, die die Strukturen verändern können. Das ist das Entscheidende, man muss z.B. das Baurecht ändern. Auch die Volksentscheide – das war ja eine wichtige Frage – haben wenig Sinn, wenn sie nicht einen Vorlauf haben. Dieser Vorlauf muss »organisierter Faktencheck« heißen, d.h. Transparenz. Deswegen war Stuttgart 21 außerordentlich erfolgreich. Deswegen sind übrigens die Grünen jetzt gegen eine Volksabstimmung und die Sozialdemokraten dafür. Vor der Schlichtung waren 25 Prozent der Leute für den Bahnhof und ungefähr 60 Prozent dagegen. Nach der Schlichtung, bevor ich überhaupt einen Ton als Resümee gesagt hatte, war es umgekehrt. Da waren 60 Prozent für den Bahnhof und 25 Prozent dagegen. Warum? Weil bei der Schlichtung ungefähr 1 Mio. Leute über Phoenix zugesehen haben beim Faktencheck. Da hat nicht irgendjemand einen Vortrag gehalten, und dann kam das nächste Thema. Die Leute konnten selber beurteilen: Wer hat für sie recht, wer hat unrecht? Man muss heute davon ausgehen, dass die Menschen auch durch das Internet viel informierter sind, auch politisch, als es früher der Fall war. Die lassen sich nicht mehr ein X für ein U vormachen. Ein solcher Faktencheck muss total transparent sein, der muss ins Internet und ins Fernsehen. Es darf keine Geheimwissenschaft mehr geben. Der Hauptvorwurf: »Da wird etwas hinter verschlossenen Türen ausbaldowert«, ist dann weg. Ein Volksentscheid ist also dann sinnvoll, wenn Sie vorher, so wie in der Schweiz, eine breite Diskussion über das Projekt haben.

Stankowski
Haben die Politiker bei solchen Vorgängen nicht auch Angst, dass sie überflüssiger werden?

Geißler
Nein, die Politik ist ja beteiligt. Die Politiker sitzen mit den Vertretern der Zivilgesellschaft an einem Tisch, und zwar auf Augenhöhe.

Stankowski
Warum fällt den Politikern das so schwer?

Geißler
Das hängt mit dem falschen Verständnis von repräsentativer Demokratie zusammen. Diese bedeutet eben nicht: Wenn ein Landtag oder ein Stadtrat etwas entschieden hat, ist das dann sakrosankt. Ich muss als Politiker immer, auch wenn ein Bundestag oder ein Landtag oder ein Stadtrat etwas entschieden hat, im Laufe des Vollzugs diesen Beschluss neu begründen und erläutern und muss auch in der Lage sein zu sagen: »Jetzt sind wir vier Jahre weiter. Wir schmeißen den Beschluss wieder um.« Das ist auch meine persönliche Erfahrung: Wie oft war ich völlig allein.

Stankowski
Sehen wir das richtig, dass Sie heute als Patriarch in dieser CDU mehr Einfluss haben als zu der Zeit, als Sie noch Generalsekretär waren?

Geißler
Nein, als Generalsekretär hatte ich großen Einfluss.

Stankowski
Und heute?

Geißler
Heute übe ich Einfluss aus über die Medien. Vor allem durch meine Bücher und im Fernsehen. Dass die CDU die ökosoziale Marktwirtschaft in ihr Programm geschrieben hat, hat auch damit zu tun, dass ich das seit ich weiß nicht wann vertreten habe. Bei Schwarz-Grün sehen jetzt auch alle ein, dass sie sich schon längst dafür hätten öffnen müssen. Auch in der Ausländerpolitik …

Malchow
Vielen Dank für das Gespräch, Herr Geißler.

Geißler
Und ich danke Ihnen, dass Sie die zwar begründete, aber etwas peinliche Selbstbeweihräucherung gestoppt haben.

ABBILDUNGSVERZEICHNIS

Autorenfoto
© Melanie Grande

Apfelfront, Flyer über Wikipedia
© Björn Kietzmann

Strickguerilla
© LWL/Annette Hudemann

Muslimische Frauen fahren Fahrrad
© georg-foto, offenbach

Haus Schöneweide
© Miriam Kilali

Lesezeichen Hildesheim
© Norbert Jaekel.

Karnevalswagen
© Jürgen Becker

Bewerberbuch
© Foto: Gestaltung: Wolfgang Hollmer

Schwarzer Brad
© Petra Metzger

Reifenpanne
© Petra Metzger

Frühstück mit Geißler
© Petra Metzger

Ausweis der Transnationalen Republik
© André Boitard und Jakob Zoche

INHALT

Das Buch 5
Die Autoren 7
Vorwort 9

ELF TIPPS
FÜR AKTIONSWILLIGE 12

SCHENKEN
Womit bezahlen? 16
Doppelter Espresso 17
Kultur drinnen und draußen 18
Der Brothaken 20
Die neue Puppe 21
Sponsoring beim Taschengeld 22
Schultüte sponsern 23
Klassenfahrt 25
Patenschaften 26
Sicherheit bei Schwarzarbeit 28
Bis dass der Tod uns scheidet 30
Ferien vom Krieg 32
Für Kinder kostenlos 35
Fringsen 37

ZEIGEN
Generationenkonflikt ist schön 40
Zimmer frei! 41
Baustelle des Lebens 42
Girls-Group 44
Friedhofsmobil 45
Show des Scheiterns 46
Weniger kaufen: selber machen! 47
Hurra, wir leben noch 48
Der schwarze Brad 49
Adopted 50
Roger Willemsen berichtet 51

LESEN & SCHREIBEN
Wenn du deine Bücher liebst, lass sie frei!	54
Nachhaltige Bücherbox	56
Du liest Deutschland	58
Eine Stadt liest ein Buch	59
Promis auf die Straße	61
Pauker-Post	62
Körnerstraße 77	62
Persönliche Note	64
Wo sich auf »Himmel« – »Pimmel« reimt	66

LERNEN UND LEHREN
Spielt doch mit den Schmuddelkindern	70
Pralinen in der Pause	83
Box dich fit	84
Simpel und sozial	85
Englisch im Kindergarten	86
Führerschein fürs Leben	87
Mal eine Prüfung bestehen	90
Kasse machen ohne Geld	91
Seitenwechsel®	92
Siebentausend Kapazitäten	93
Die alternative Liga	94
Sang- & klanglos	95
Jung lehrt Alt	98
MouseMobil	99
Marketing in Zeiten von Hartz IV	100
Fahrradkurs mit Kopftuch	101
Familienfußball	103

VERSCHÖNERN
Strickguerilla	106
Bunte Gärten	108
Flower-Power	108
Lass deinen Hinterhof erblühen!	110
Broken Window Area	112
Neues Lächeln	113

Stadt-Lyrik 114
Das schönste Obdachlosenheim 116

ANLEGEN
Gutes Geld 120
Schlaues Geld 121
Greenpeace energy 123
In Zukunft investieren 124
Gemeinsam Arbeitgeber sein 125
Lachendes Regal 126
Bewohner sind Besitzer 127
Pfandflaschen extra 129

FEIERN & GENIESSEN
Das Antoniusschwein 132
Einfach, gesund, sozial 134
Sportverein anders 136
Schlafplatztausch 136
Zeitkonto 137
Man sieht sich 137
Bon Appétit 138
Zurück zur Kalebasse? 139
Vergesst Lena! 141
Ü-80-Party 142
Jürgen Becker erzählt 143
Die Linda gerettet! 144
Die rollende Dorfkneipe 146
Der Letzte macht das Licht aus ... 147

KÄMPFEN
Katzenmusik und Ostermann-Folter 150
Business Dresscode aus der Kleiderkammer 153
Anders kontern 154
Privatasyl 154
Es ist billig und recht 155
Unter & Gunther 156
Für Tote schuften 157

Norbert Blüm sagt 157
Gegen Privatisierung 158
Ruhe unbekannt: Obdachlosengräber 159
Legal für Illegal 160
Mal ordentlich jemanden zusammenscheißen 162

MACHEN
Holz für alle 166
Nähen verbindet – Vielfalt gewinnt 168
An die Wäsche gehen 171
Knöpfe für Autisten 172
Der Spritzenautomat 174
Feuerwehrfonds im Westerwald 175
Wann du willst, wohin du willst! 177
Im Zeichen der Karotte 178
Der zweite Pass 180

GESPRÄCH
Frühstück mit Heiner Geißler 183

Jürgen Becker / Martin Stankowski / Dietmar Jacobs. Der dritte Bildungsweg. Halbwissen leicht gemacht. KiWi 1215
Verfügbar auch als eBook

In seiner Sendung »Der dritte Bildungsweg« hat Jürgen Becker bereits mit Erfolg gezeigt, wie man mit Witz und Humor, Bildung, Halbbildung und haltlose Thesen vermitteln kann. Hier führt er es fort. Gemeinsam mit seinen Co-Autoren beleuchtet er zahlreiche Themen des Weltwissens, liefert neue Fakten und erklärt Zusammenhänge, wo es bislang keine gab. Und zwar zu recht. Getreu dem Motto: Man muss nicht alles verstanden haben. Aber man muss alles erklären können!

www.kiwi-verlag.de

Jürgen Becker. Geld allein macht nicht unglücklich. Mit dem Mysterium des rheinischen Kapitalismus aus der Krise.
KiWi 1123

Der neue Kampf der Systeme lautet: amerikanischer Kapitalismus gegen rheinischen Kapitalismus. Während der amerikanische, auf kurzfristigen Gewinn angelegte Neo-Kapitalismus weltweit verheißt: »Jeder ist seines Glückes Schmied«, stimmt der rheinische Kapitalismus sein eigenes Lied an: »Drink doch ene mit!« Denn: Der Umsatz ist langfristig am größten, wenn alle mittrinken!

www.kiwi-verlag.de

Jürgen Becker. Religion ist, wenn man trotzdem stirbt. Ein Handbuch für Humor im Himmel. KiWi 1076

»Ausgerechnet dieser Frohnatur-Charakter sucht sich als Thema ein erdenschweres aus: die Religionen dieser Welt und warum sie weder in sich konsistent sind noch zusammenpassen wollen. Was für ein Minenfeld! Und dennoch muss man permanent herzlich lachen. Dank Jürgen Becker.« *Süddeutsche Zeitung*

»Ein höchst vergnüglicher Parforceritt durch die Glaubensgeschichte, den keiner versäumen sollte. Deutschland kann sich freuen.« *taz*

www.kiwi-verlag.de

Martin Stankowski. Darum ist es am Rhein so schön. Vom Kölner Dom zur Loreley. Broschur

Vom Kölner Dom bis zur Loreley: die Städte, die kleinen Orte entlang des Rheins, überraschende Geschichten an und vom großen Strom. Ein Muss für jeden Rheinreisenden! Mit Detailkarten und ausführlichem Serviceteil.

»Ein unterhaltsam geschriebenes Standardwerk für Rheintouristen.« *taz*

»Ein höchst lesenwertes Buch.« *FAZ*

www.kiwi-verlag.de